유지순 수필집

곤줄박이야 어쩌지

곤줄박이야 어쩌지

유지순 수필집

1판 1쇄 인쇄/ 2015년 9월 25일
1판 1쇄 발행/ 2015년 9월 30일

지은이 / 유 지 순
펴낸이 / 우 희 정
펴낸곳 / 도서출판 소소리

등록 / 제300-2007-21호
주소 03068 서울 종로구 혜화로35, 302-1호
(경주이씨중앙회빌딩)
전화 / 765-5663, 010-4265-5663
e-mail: sosori39@hanmail.net
www.sosori.net

값 12,000 원

*잘못된 책은 바꿔드립니다.

ISBN 979- 11- 5891- 037- 2 03810

*이 책은 여주시 (사)한국예총 여주지회의 지원을 받아 제작되었습니다.

곤줄박이야 어쩌지

유지순 수필집

책을 내면서

집 뒤 우거진 대나무 숲에서 하루 종일 여러 종류의 새들이 지저귀는 소리가 들려옵니다. 곤줄박이도 그들 중 한 마리입니다. 바람에 흔들리는 대나무의 수런거리는 소리와 새들의 노래가 기분을 상쾌하게 합니다.

시골에 살고 있으니 자연에 의지하여 사는 생명들의 삶이 편안하기도 하고, 고생스럽기도 한 것이 크게 느껴집니다.

어느 해 겨울, 곤줄박이 한 마리가 날씨는 추워지는데, 보금자리를 떠나 우리 주위를 맴돌고 있었습니다. 안쓰러운 생각에 곤줄박이에 대한 글을 쓴 것이 계기가 되어, 주변에서 벌어지는 여러 가지 일들을 함께 글로 남기게 되었습니다.

짐승을 키우며 채소를 가꾸고, 벌농사를 지으면서 즐겁기도 하고 힘들기도 한 일들이 글을 쓰는데 한몫을 보탰습니다.

책이 나오도록 애써주신 여러분과 가족들에게 진심으로 감사를 드립니다.

2015년 가을

유 지 순

▸책을 내면서

1. 삶을 되돌린다 해도

초록 뾰족지붕은 지금도 그곳에 —·12
농사일 거드는 고라니 —·16
삶을 되돌린다 해도 —·20
곤줄박이야 어쩌지 —·25
천리향은 여전히 향을 뿜고 —·28
오늘도 나는 술을 담근다 —·32
달랑 감 한 개 달고 —·35
별 장 —·39
움직이는 보석 —·43
개미와의 동거 —·47
노래에 빠지다 —·51
그들은 어디로 가야하나 —·55
대나무 이야기 —·59

2. 은행나무 그늘

64 · — 여름집
68 · — 벌레들아 미안하다
72 · — 비단잉어 긴급 이송작전
76 · — 흙이 슬프다
80 · — 땅의 눈물
84 · — 은행나무의 그늘
88 · — 토종나팔꽃
92 · — 우리가 죄를 지은 것인가요
97 · — 물고기들의 수난
101 · — 7년 만의 사랑
105 · — 뱀의 수난
109 · — 생명을 이어가는 것들
113 · — 외국인 일손

3. 숲의 침묵

백년에 한 번 피는 꽃 —· 118
숲의 침묵 —· 121
백로와 쇠오리 —· 124
오동나무 —· 127
눈에 갇혀서 —· 131
누가 이런 신비로운 색깔을 —· 135
돌확과 청개구리 —· 138
작은 꽃밭 —· 141
공작새의 깃털 —· 145
농막에서의 하루 —· 148
춤추는 불꽃 —· 152
전원주택 —· 156
땔나무 이야기 —· 161

4. 꿀벌과 함께하며

166 · — 꿀농사
170 · — 정리채밀
173 · — 벌꿀 뜨는 날
177 · — 귀한 대접 받는 일벌
181 · — 꿀벌도 뇌물을 준다
185 · — 수벌의 존재
189 · — 잡꽃 꿀은 왜 사라졌을까
192 · — 꿀은 달콤하지만
196 · — 도심에서 벌 기르기
200 · — 여왕벌
204 · — 꿀벌의 봄맞이
207 · — 꿀벌의 여름나기
210 · — 꿀벌의 겨울나기
213 · — 꿀벌의 천적들
217 · — 투명벌통
220 · — 말벌 유인기를 설치하면서
224 · — 벌이 준 신비한 물질

1.

삶을 되돌린다 해도

초록 뾰족지붕은 지금도 그곳에

그 집은 키 큰 나무들에 둘러싸여 길에서 보면 초록지붕이 보일락 말락 한다. 가끔 차를 타고 가다 숲 사이로 뾰족지붕이 보이면 반갑기 그지없다. 세월이 많이 흐른 지금도 그 초록지붕만 보면 마음이 따뜻해진다. 노후에 꼭 시골생활을 해야겠다고 다짐한 것은 아니었지만 여건이 되면 시골생활을 해보는 것도 재미있겠다는 생각을 늘 하고 있었다.

40여 년 전, 우리나라가 살기 어려웠던 시절, 남편이 소속된 재단에서 미국원조자금으로 살기 어려운 마을을 택해 도와주는 프로젝트가 있었다. 그중 한 곳이 지금 우리가 자리 잡은 여주의 한 마을이다.

다리를 놓아주고, 우체국을 유치해 오고, 전기와 전화도 설치하고, 농번기에 돌봄이 필요한 어린이를 위한 탁아소도 지었다. 새끼를 낳으면 다른 농가를 위해서 한 마리씩 내놓는 조건으로 소를 사주어서 농사에 도움을 주고, 표고 재배에 필요한 여러 가지 협조를 하기도 했다.

어촌에는 미역과 김 양식장 사업을 도와주고, 바람이 많은 제주도에는 방풍림을 위한 나무를 지원하기도 했다. 이 밖에도 여러 가지 사업을 했는데, 새마을운동의 효시가 아닐까 싶다.

그때는 우리나라가 외국의 도움을 받았지만 지금은 원조를 받았던 나라 중에서 세계에서 유일하게 외국에 원조를 해주는 나라가 될 만큼 잘살고 있다. 40여 년 전 남편이 일하던 때와 비교하면 격세지감을 느끼지 않을 수 없다.

남편은 동네 발전을 위한 철저한 조사와 의견교환 등으로 많은 사람들과 접촉하면서 친해졌다. 여러 가지 시설을 해주면서 빈번한 교류를 가지게 되었고, 자연히 한 동네사람이나 다름없게 되었다. 이런 연유로 우리는 시골에 자리 잡으면서 텃세를 겪지 않았다.

남편이 퇴직할 때쯤 마을 사람들의 권유도 있고 해서 시골에서 살아볼 마음을 굳혔다. 마침 마을에 빈집이 있어 우선 그곳에 살기로 한 것이 농촌에 자리를 잡게 된 계기가 되었다. 동네에서 '초록 뾰족집'이라고 불린 그 집은 벽을 돌로 감쌌는데, 아래층에 방 한 개와 부엌, 화장실이 있었고, 이층에

널따란 지붕 밑 방이 한 개 있었다. 아래층은 침실 겸 식당, 객실로 쓰고 이층 다락방은 서재와 작업실로 썼다.

도회지에서 친지들이 놀러오면 작고 불편한 집이라도 정말 좋아했다. 텃밭에서 나는 채소로 초라한 밥상을 차려도, 좁은 방에 끼어 자면서도 재미있어 하며 뾰족집에서 지내는 것을 즐겼다.

그 후로 차츰 서울 살림을 정리하고 아주 시골로 옮겨 앉았다. 집도 새로 짓고, 양봉장과 여러 가지 작물을 심을 수 있는 밭도 장만했다. 가족에게 무공해 작물을 먹이고 싶었던 바람도 이루어졌다.

남편은 중학교 다닐 때, 옆집에 사는 친구가 벌 몇 통을 기르는 것이 부러워서 그때부터 벌을 꼭 길러 보고 싶었다고 한다. 그래서인지 남편은 은퇴한 늦은 나이에도 불구하고 벌을 키우기 시작했다. 처음에는 경험과 기술도 익힐 겸 서너 통 가지고 시작을 했는데, 시행착오를 많이 겪었다. 지금은 벌들이 많이 늘어나서 식구들끼리 1년 동안 먹고도 남아 꿀을 찾는 가까운 이들과 나눌 만큼 채밀을 하고 있다.

호기심과 취미로 시작한 벌 기르기가 이제는 규모가 커져서 남편은 매일 새벽부터 저녁까지 벌에 매달려 산다. 그동안 쌓인 연륜은 남편을 양봉박사로 만들었다. 이 일은 철저히 혼자 하는 작업이다. 남편은 나이 들어서는 여러 사람과 어울려서 하는 일보다 혼자 하는 일이 편하다고 한다. 벌에 쏘이는 것이 무서워 동네 사람들이 놀러 오기를 꺼려서 사람 만나기도 어렵다.

심심치 않게 가짜 꿀에 대한 뉴스가 기분을 언짢게 하는데, 오늘도 가짜 꿀을 만들어 많은 돈을 벌었다는 뉴스가 나와 안타깝다. 정직한 사람들조차 의심 받는 듯하여 몇몇 가짜 꿀을 만들어 파는 사람들 때문에 속도 상한다. 생산자와 전화번호, 생산지, 생산연도를 당당히 밝힐 수 있는 꿀을 만드는 남편이 한편으로는 자랑스럽다.

초록지붕에서 시작한 시골에서의 생활이 그동안 호사스럽지는 않았지만 그래도 즐거웠다. 남편과 뜻 맞추어 행복했던 세월을 만들어준 숲 사이로 보이는 지붕을 보면 어느새 흘러간 십여 년의 시골 생활이 머릿속 가득 펼쳐진다. 남편과 내가 시골에서 뿌리박고 잘 헤쳐 나가고 있는 것은 초록 뾰족지붕이 맺어주었던 넉넉한 인정 덕이다.

농사일 거드는 고라니

한낮에 고라니가 산에서 내려와 집 앞 밭에서 겅중겅중 뛰고 있다. 겉으로는 평화스러워 보이지만 우리만큼 고라니도 마음이 편치는 않을 것이다.

산중턱에 위치한 농장에 산토끼와 고라니, 멧돼지, 꿩, 까치, 여러 종류의 동물과 새들이 판을 치고 산다. 우리에 갇혀 있는 덩치 큰 진돗개 두 마리를 얕본 탓인지 낮에도 고라니가 내려와 온 밭을 헤집고 다닌다. 농사일을 거드는 것 같은 모습으로….

봄에 제일 먼저 올라오는 원추리 싹을 낫으로 벤 듯 가지런히 몽땅 잘라 먹었다. 상추 싹이 예쁘게 자라고 있는데 다 뜯어먹더니, 고구마 순이 간신히 정신 차리고 뿌리를 내리려고 하는데 모조리 먹어 치웠다.

그대로 두면 가을에 고구마 구경도 못할 것 같아 밭이 잘 내려다보이는 장소에 전깃불을 환하게 켜놓고 사람이 있는 것처럼 위장하기 위해 라디오도 밤새 크게 틀어 놓고 고라니가 오지 않기를 간절히 바랐다.

동네 사람들은 울타리를 만들어 고라니나 멧돼지가 들어오지 못하게 하라지만 넓은 밭에 울타리를 치는 것이 엄두가 나지 않는다. 산에 지천인 풀을 두고 사람을 무서워하면서도 집 앞에까지 내려와 먹는 것을 보면 산에 나는 풀보다 사람이 심어놓은 것들이 더 맛이 있는 모양이다.

다시 심은 고구마의 새순이 뿌리를 내리고 어느 정도 자랐기에 안심하고 있었다. 그런데 얼마 후 밤사이에 몇 마리의 고라니가 왔다 갔는지 두 번째의 수난으로 낫으로 벤 듯 잎사귀는 없고 줄기만 남았다.

아들은 고라니 발자국과 변, 뜯어 먹은 자리를 사진을 찍어 동회에 신고하면 고라니를 잡을 수 있는 허가를 받을 수 있다고 하지만 무슨 재주로 고라니를 잡을 것인가. 아무리 잎을 다 잃어버렸어도 금방 새로운 싹을 내놓는 식물들이 신비스럽기까지 하다.

머리 깎인 계집애 모양으로 있는 고구마 덩굴을 보면 웃음도 나온다. 힘들여 심어 놓은 고구마를 뜯어 먹었어도 고라니가 그리 밉지 않은 것은 자연의 섭리니 어떻게 할 것인가 하는 불가항력이라는 마음이 작용해서인지 모르겠다. 그래도 사람들에게 받는 상처보다는 마음 속 깊이 크게 박히지 않는 것은 사람의 힘으로는 어쩔 수 없다는 체념 때문일 것이다. 다시 전깃불을 켜고 라디오를 틀어 놓았다. 동네에서 많이 떨어진 산중턱이라 마을까지 라디오소리가 내려가지 않는 것이 다행이다.

고라니가 제일 좋아하는 것은 콩잎이라고 한다. 몇 해 전부터 콩과 옥수수 심는 것은 포기했다. 콩은 심어 놓으면 까치와 까마귀, 꿩이 다 파먹고, 옥수수는 잘 자라서 열매를 맺으려고 하면 새들이 와서 쪼아 먹으니 우리 입에 들어 올 수 있는 것은 하나도 남지를 않는다. 가끔 뉴스에 멧돼지가 수확기의 옥수수밭을 다 망가트렸다고 망연자실하는 농민의 모습이 나온다.

스타인 백의 소설 「분노의 포도」는 적은 농토를 가지고 어렵게 살아가고 있는 농민들의 이야기다. 해마다 계속되는 가뭄 때문에 진 은행 빚으로 농토를 빼앗기고, 눈앞에서 트랙터가 땅을 파헤치고 집을 무너트린다. 자신들이 평생 일구어온 온갖 것이 사라지는 것을 보고 가슴 아파하던 농민들의 모습이 눈에 선하다.

30여 만 명이나 되는 삶의 터전을 잃어버린 농민들이 유토

피아를 찾아 서부로 이동하면서 먹을 것과 잠자리가 없어 고생하고, 가는 길에 가족이 죽고, 아들이 가족 곁을 떠나고, 일을 하고 싶어도 일거리가 없어 굶어야 한다. 농토를 빼앗기고 떠도는 사람들의 앞이 보이지 않는 암담한 과정을 그린 것이다. 농민의 삶은 어느 나라나 비슷하다.

요즘은 고수익 농작물을 심어 수입을 많이 올리는 농민들도 있지만, 대다수의 농민들은 주어진 여건에서 있는 힘들 다 쏟아 농사를 짓고 있다. 힘든 농사일에 찌들어 농촌의 노인들은 남녀 할 것 없이 모두 몸이 비틀어지고 등이 굽었고, 절뚝거린다. 여기에 야생동물까지 합세하여 괴롭히니 농촌에서 산다는 것은 참 힘이 든다.

계속 새싹이 나올 때마다 고라니의 피해를 입을 것이다. 고구마 밭을 보고 이제 욕심을 버려야겠다는 생각을 한다. 농촌 회귀로의 가슴 벅찼던 꿈은 사라져가고, 나이 들어가는 몸과 마음은 고달프다.

그래도 시원하게 부는 바람과 맑은 공기, 사철 변하는 아름다운 경치가 있고, 가족이 먹을 수 있는 꿀이 나오니 그만으로도 족하다고 마음을 달래며 오늘도 고구마 밭에 들어가 풀을 뽑는다.

삶을 되돌린다 해도

아침밥을 지으려고 쌀 항아리를 여니 텅 비어 있다. 며칠 전 농협에서 조합원들에게 나누어 준 쌀이 한 포대 있어 다행이다 싶었는데 밥을 안치려고 포대를 뜯으니 현미가 가득 들어 있다. 벌이 잠을 깨기 전 새벽, 양봉장에 일하러 나가야 되는데 난감한 일이다. 쌀이 떨어져 밥을 짓지 못한 것은 평생 처음 겪는 일이다. 빈 쌀 항아리를 들여다본다. 살아온 날들이 항아리 속에서 어른댄다.

어렸을 적, 시오리나 되는 학교 길을 걸어 다녔다. 비가 오나 눈이 오나, 찌는 듯 더운 날도, 혹한의 추위를 겪으면서도 다녔다. 갑자기 소나기를 만나기도 하고 태풍 속을 뚫기도 하고…. 긴 인생길을 걸으면서 겪는 것들과 똑같은 날들을 길

위에서 마주했다. 길가에 풀과 들꽃을 보고, 논과 밭에서 자라는 농작물을 보면서 여러 가지 꿈을 키웠다. 그때 문학의 씨가 싹텄나 보다. 하지만 그 꿈들은 접어둔 채, 직장인으로, 아내로, 어머니로, 50여 년간을 남편과 아이들과 풍족하지는 않아도 등 따습게 살아 왔다.

긴 세월 어찌 좋은 일만 있을 수 있었을까. 한때 남편이 암이라는 진단을 받고 혼비백산하기도 했다. 다행히 오진으로 판명되었지만 그때의 충격으로 요리를 배웠다. 한창 건축 붐이 일어 나라가 잘 살게 되고, 새 집을 지어 집들이 손님을 초대하는 것이 유행이었을 때다. 불안한 심정에 호구지책을 위한 선택이었다.

그 후, 사남매 키우느라 전업주부가 되었다. 이제는 아이들도 모두 짝을 찾아 저희들 하고 싶은 일 하면서 각자 앞가림은 하고 있다. 아이들 때문에 속 끓일 일이 없는 것도 큰 복이라 생각한다. 공무원으로 십여 년간 근무하면서 사회경험도 쌓았고, 남편 따라 외국에도 몇 년간 나가서 살았으며, 공부하러 간 아이들 도와주러 미국에 가서 얼마 동안 지낸 적도 있다. 여행도 후회하지 않을 만큼은 했다는 생각이다. 그렇게 사느라 그동안 묻어 두었던 문학의 꿈은 저 마음 속 깊은 곳으로 가라앉아 잊고 있었다.

손자들 어린이집에 데리고 다니느라 늦은 나이에 운전을 배운 것도 뿌듯한 기억으로 더해졌다. 아이들과 손자들 뒷바라지도 얼추 끝나 모두 품을 떠나고 나서, 허무하다는 생각이 밀려와 사는 것이 무엇인가 고민하고 있을 때 만난 수필공부는 나에게 엄청난 삶의 가치를 찾을 수 있게 해 주었다. 활기차고 보람 있는 제2의 삶을 다시 시작할 수 있는 커다란 계기가 되었다. 긴 세월 살림과 남편 뒷바라지, 아이들 키우는 일밖에 할 줄 모르던 전업주부가 글을 쓰게 되었다.

물 주고, 온도 조절해 주며, 거름 주고 하면서 간신히 싹 틔운 어린나무를 기르기란 자식 기르는 것만큼이나 공이 들고 힘든 일이다. 어리디어린 싹이 괜찮게 자라 성목(成木)이 되었다 싶어도 자꾸 들여다보며 가꾸어야 한다. 보통사람들은 평생 한 권의 책을 내기도 어렵다는데, 그동안 세 권의 책도 냈고, 그 덕으로 상도 탔으며, 지방신문에 7년여 동안 칼럼 연재도 했다.

삶의 여정에서 좋은 사람들도 많이 만나 가끔 함께 즐거움을 나누고 사는 것도 큰 행운이다. 우리 부부가 살아오면서 큰 수술을 몇 번씩 했지만 의술의 덕으로 건강하게 살고 있는 것도 고마운 일이다.

그 어떤 일보다 하느님을 만나 믿고 의지하며 사는 것이 큰 축복이다.

나이 들어 은퇴를 하면 시골에 살고 싶은 것이 꿈이었다.

대나무가 가득한 숲 속 작은 오두막에 개 두 마리 거느리고 남편의 취미인 벌 치며, 연 키우고 비단잉어도 기르면서, 작은 화단과 잔디밭도 가꾸고 있다. 샌드위치패널의 조립식 집이긴 해도 시원하게 지낼 수 있는 여름집이 있고, 겨울을 따뜻하게 날 수 있는 아파트도 있으니 이만 하면 족하다는 생각이다.

양봉장 옆 골짜기에는 사철 물이 흐르니 연못에 물을 댈 수 있어 벌에게 깨끗한 물도 먹이고, 밭에 물도 줄 수 있는 충분한 양이 되니 늘 풍요롭다는 생각으로 살고 있다. 여러 종류의 생명도 깃들고 있어 손자들의 좋은 놀이터다.

과일나무도 열심히 심었지만 벌 때문에 농약을 치지 못하니 열매가 열리기도 전에 벌레가 다 먹어 치워 멋대로 자라도록 버려두었다. 몇 그루 있는 대추와 밤나무도 사람이 먹는 것보다 벌레가 먹는 것이 더 많다. 매실 몇 그루와 양보리수, 앵두는 농약을 치지 않아도 식구들 먹을 만큼 효자노릇을 한다. 유기농 채소를 심어 아이들에게 먹이는 재미도 좋다. 과일과 채소는 나도 먹고 벌레도 같이 먹는다.

이런저런 생각을 해보니 '다른 삶을 살게 된다' 해도 딱히 어떻게 살고 싶다는 구체적인 생각을 한 적이 별로 없는 것 같다. 미친 듯 치열하게 살아 보지도 않았고, 돈과 명예에 대한 욕심도 크게 없었다. 그림 그리기와 노래하는 재주를 타고

난 사람들을 보면서 나의 재주 없음에 한탄을 하지만 그저 헛된 욕심일 뿐이다.

그래도 살면서 꼭 하고 싶었지만 이루지 못했던 몇 가지는 있다.

남편과 연애할 때 결혼하면 둘이서 무인도에 가서 살아보고 싶었던 꿈, 젊었을 때 남편과 둘이서 사하라 사막을 횡단해 보고 싶었던 꿈, 은퇴 후 캠핑카를 장만해서 구경하고 싶은 곳에 며칠씩 머물면서 유유자적 여행하고 싶었던 꿈. 이제는 후세에나 생각해 볼 다 틀린 일이다.

옆에 있는 남편 생각이 문득 궁금해서 "다시 삶을 되돌릴 수 있다면 어떻게 살고 싶으냐"고 물어보니 다른 생에서도 여태 살아온 것처럼 살고 싶지 다른 삶을 생각해 보지 않았다고 한다. 나 또한 지금의 남편과 아이들 다시 만나 이렇게 별 고생하지 않고 똑 같은 삶을 살 것이라고 말할 것이다.

평범한 삶 속에서 이런저런 행복과 고통을 겪으면서 잘 헤치고 무난히 살아 왔으니 한 번 더 살아보는 것도 괜찮지 않을까.

곤줄박이야 어쩌지

간밤에 곤줄박이는 어디서 자고 왔을까.

집 뒤 대나무 숲에서는 밤이면 여러 종의 작은 새들이 잠을 자려고 찾아들어 늘 수런거린다. 낮에도 새들을 잡아먹으려고 호시탐탐 노리고 있는 조롱이나 말똥가리 같은 맹금류를 피해서 새들이 대나무 사이로 숨어들곤 한다.

어젯밤 곤줄박이도 그 대나무 사이에서 자고 왔을 것이다. 곤줄박이는 앙증맞은 작은 몸매에 등을 덮고 있는 시원한 푸른색과 온몸이 미색, 밤색, 회색, 검정색의 다양한 색깔의 깃털로 싸여 있다. 조화를 잘 이룬 배색이 감탄이 나올 만큼 아름답다.

우리나라에서 번식을 하는 흔한 텃새인 곤줄박이는 밖에서 일을 하고 있으면 우리 곁으로 자주 놀러온다. 몇 미터 밖에서 맴돌며 귀여움을 독차지하는 새다. 우리는 아직 손으로 주는 먹이를 곤줄박이가 받아먹는 경지에까지 가지는 못했는데, 강원도 어느 산골에서는 사람 손에 앉아 모이를 먹는 것을 본 적이 있다.

요즘 곤줄박이가 하루 종일 차의 백미러를 맴돌며 들여다보고 있다. 우리 집 차 백미러는 곤줄박이의 배설물로 늘 지저분하다. 닦아도 소용없이 곧 더럽다. 어쩌다 외톨이가 되었는지 짝을 찾아 수시로 거울을 들여다보며 놀고 있는 모습이 안쓰럽다.

우리나라 전역의 숲 속 활엽수림이나 잡목림에서 살면서 4월부터 7월 사이에 산란을 하고 새끼를 기르는 새라 초겨울에 접어든 지금은 식구들과 헤어져 쓸쓸히 지내다 거울 속에서 짝을 발견했나 보다.

이웃마을 친구 분이 트럭을 타고 와서 일을 보는 동안 곤줄박이의 상대는 트럭의 백미러로 바뀐다. 그것이 우리 승용차 것보다 커서 움직이는 범위가 넓어 제 모습이 더 잘 보이고 함께 놀 수 있는 공간도 넓어서 트럭의 백미러를 좋아하는 것 같다.

날씨는 점점 추워지는데 빨리 겨울을 날 보금자리를 찾아가야 할 텐데, 마음 같아서는 짝을 구해다가 겨울 동안 따뜻한 집안에서 먹이며 데리고 살고 싶지만 어디 가능한 일인가. 겨울이 되어 먹이인 곤충이나 거미는 없겠지만, 산 중턱에 살고 있으니 식물의 종자나 나무열매는 구하기가 쉬워 배불리는 먹고 있을까.

배우자를 잃고 혼자 사는 노인들이 호소하는 것도 외로움이다. 얼마 전 TV에서 구십이 넘은 노인도 옆에서 오순도순 얘기하면서 함께 사는 사람이 있었으면 좋겠다고 말하는 것을 보았다. 현재 우리나라에서 홀로 사는 노인이 백만여 명이 넘는다고 한다. 자녀가 여럿이어도 사느라 바쁘다는 핑계로 자주 부모를 찾아오지 않는다는 노인들의 호소다. 어느 의사는 외로움도 병의 일종이라고 했다.

사람만 외로움을 알고 괴로워하는 줄 생각했는데 작은 새의 행동을 보고 사람이나 동물이나 감정은 똑같다는 것을 느낀다. 곤줄박이가 매일 찾아와서 거울과 놀고 있는 것을 보면서 우리 부부는 곤줄박이를 보는 재미가 있긴 하지만 '외로움'이 견디기 힘든 것이라는 것을 깨달으면서 이렇게 둘이 함께 지낼 수 있는 것이 새삼 고맙다. 그래도 이 곤줄박이는 놀아 줄 거울이라도 있으니 다행일 것 같다.

더 추워지기 전에 빨리 보금자리를 찾아 따뜻한 겨울을 보내고, 내년에는 짝과 새끼들과 함께 우리 곁으로 왔으면 좋겠다.

곤줄박이야, 날은 점점 추워지는데 어쩌지.

천리향은 여전히 향을 뿜고

향이 천리를 간다하여 '천리향'이라고 한다. 시부모님 가신 지 20여 년이 흘렀어도 천리향에 담긴 애틋한 마음이 가시지를 않는다.

서울보다 따뜻한 고장인 진주에서 탐스럽게 자라던 천리향은 시아버님이 세상을 떠나시고 어머님이 우리와 함께 살기 위해 서울로 올라오실 때 용설란 화분과 이삿짐에 함께 묻어왔다. 자라던 환경이 바뀌었어도 아파트 베란다가 지내기에 쾌적했는지 따뜻한 햇빛을 받으면서 어머님을 흐뭇하게 해드릴 만큼 잘 자랐다.

용설란은 해마다 화분을 갈아주어 어른 키만해졌고, 천리향은 짙은 향을 온 집안에 뿜어내면서 식구들의 사랑을 받고 살을 찌웠다. 어머니께서 기르던 것이라 더 애지중지 했다. 십수 년 함께 살던 어머니도 돌아가시고 아파트에서 단독주택으로 이사를 하게 되었다. 겨울 추위에 살지 못하는 용설란은 서울보다 따뜻한 부산 시동생네로 보내졌고, 천리향은 우리와 함께 이사를 했다. 오랫동안 매일 눈 마주치며 살던 용설란을 끝까지 데리고 있지 못하고 보내면서 어머님 생각에 눈시울이 붉어졌었다. 다행히 천리향은 한겨울에만 보온을 해주면 되는 식물이라 부모님 뵙듯 품에 끼고 있었다.

잘 돌보아선지 천리향도 잘 크면서 꽃이 피면 그 좋은 향을 온 집안에 뿜어내어 부모님의 향기를 맡는 듯 식구들을 흐뭇하게 해주었다.

그 후, 시골에 내려오게 되어 천리향도 함께 왔다. 추위가 오기 전까지 땅에 심어 놓으면 땅 심도 받고 좋을 것 같아 묻어 주기로 했다. 남편은 추워지면 집안으로 옮겨야 될 것을 생각하고 파기 쉽게 화분 채 묻어주는 것이 좋겠다고 했다.

땅에서는 화분 속이지만 마음대로 뿌리를 뻗고 잘 지낼 것 같던 천리향이 생각과는 달리 시난고난 정신을 차리지 못하고 누렇게 변하기 시작했다. 안 되겠다 싶어 파보니 이미 뿌리가 썩어 회생 불능 상태가 되어 오랫동안 키운 아까운 나무를 죽였다. 부모님께 죄를 지은 것 같아 안타까웠다.

이듬 해 이른 봄 매화 꽃 보러 남녘에 갔을 때 마침 근처에서 천리향을 팔기에 한 그루 사가지고 와 심었다. 정성을 들인다고 과잉보호를 한 탓인지 그도 생명을 부지하지 못하고 죽이고 말았다. 원예전문가에게 물어보니 물을 너무 자주 준 것이 화근이라고 했다.

부모님을 그리는 마음 때문인지 천리향에 향한 마음을 지우지 못해 다시 한 그루를 구해다 심었다. 이번에는 튼튼하게 키우려고 땅에 심어 여름을 났다. 그런데 어쩐 일인지 기를 피지 못하고 잘 자라지를 않아 다시 화분에 옮겨서 아파트 베란다로 계획보다 빨리 이사를 시켰다. 매일 눈만 뜨면 사랑을 주어서 그런지 차츰 정신을 차리고 잘 자라기 시작했다.

천리향 꽃향이 코끝을 스치면 형언할 수 없는 생각들이 가슴을 스치면서 부모님을 떠오르게 한다. 부모님이 우리에게 맺어준 한 그루의 나무가 이렇게 오래도록 여운을 남기면서 가슴 속에 박혀 있을 줄 누가 알았으랴. 우리가 이 세상을 떠나기 전까지는 천리향은 늘 함께 있을 것이다.

부모님을 가슴에서 떠나보내 드리지 못하듯 부모님의 추억이 스민 천리향도 그 향과 함께 우리 곁에서 떠나보낼 수가 없을 것 같다. 한 나무를 지키면서 평생의 반려로 함께 산다는 것에 어떤 의미가 있는지 오늘도 천리향을 지켜보며 지나간 날들을 안개처럼 피워 올린다.

올해도 변함없이 천리향은 가을에 맺은 꽃봉오리를 피우려고 애를 쓰고 있으니 곧 우리에게 멋진 향을 선사할 것이다. 언제쯤 꽃이 필까 들여다보고 또 본다.

오늘도 나는 술을 담근다

집 뒤 숲 속 커다란 나무들 틈에 수십 년 된 돌배나무가 한 그루 있다. 다른 과일은 흉년이라고 야단인데 금년에도 돌배는 많은 열매를 맺었다. 멋대로 놓아두어 사람 손을 타지 않으니 매달고 싶은 만큼 열매도 잘 열리는 것 같다. 해마다 돌배가 주렁주렁 달리지만 별 관심 없이 저절로 떨어져 나무의 거름이 되도록 버려두었었다.

금년에는 이웃집 사람이 돌배 술이 기관지에 특효인데 돌배를 구할 수가 없다고 하기에 모두 따가라고 했다. 그는 돌배를 따서 우리에게 수십 개를 주고 갔다. 기침에 좋다니 술을 담가야겠다는 생각이 들었다. 커다란 유리병에 돌배를 차곡차곡 채우고 35도 소주를 부었다.

아침에 담근 술이 저녁때가 되니 연한 갈색이 우러나면서 은은한 빛을 뿜어내고 있다. 자연에서 온 색은 임의로 만든 어떤 색깔보다 높은 품격을 지녔다.

오랜 세월 가지각색 과일 술을 담가 놓고 즐겼는데, 이제 석양에 서 있으니 술도 먹지 않아 철이 되어도 술 담그는 일을 잊어버렸다. 매실, 더덕, 인삼, 복분자, 말벌 술까지 담그기만 하고 먹지 않아 더 이상 담그지 말자고 다짐을 했다.

이제 술뿐 아니라 가지고 있는 물건들을 슬슬 정리할 때가 되었다는 생각이다. 살아 계셨으면 100살도 넘었을 친정아버지가 모아 놓았던 조선 말기에 나온 돈과 일제강점기 때와 해방된 후, 육이오 때 발행된 돈이 꽤 많았다. 거기에 보탠 올림픽 기념주화, 외국에 다니면서 쓰다 남은 돈 등 제법 많은 양을 모두 아들에게 주었다.

젊어서부터 각국으로 출장을 다닌 남편이 모은 우표도 모두 손자에게 물려주었다. 인도네시아에서 3년여를 살면서 수집한 나무화석과 조가비, 신기하게 생긴 조각품들, 외국에 출장을 가거나 여행가서 기념으로 사온 모든 물건들을 다 아이들에게 나누어 주니 마음이 좀 홀가분해진 것 같다.

평생 함께해 온 물건들을 떠나보내며 내 몸도 떠날 날이 멀지않았다는 생각에 서글펐다. 그래도 아직 너무도 많은 물건을 끌어안고 살고 있다.

지금 가지고 있는 것만으로도 이 세상 떠날 때까지 충분하다. 그런데 오늘 또 돌배 술을 담그고 있다. 하지 말자 하면서도 자꾸만 사고 만들고 보태고 있으니 어쩔 수 없는 인간의 본성인가.

미국 메사츠세스주의 콩코드 마을, 150년 전에 인적 없는 '월든' 호숫가에서 살던 소로우는 생활하는 데 꼭 필요한 물건은 22가지면 된다고 했다. 그가 살던 방 한 칸으로 되어 있는 오두막집에는 요리를 만들던 난로와 몇 개의 그릇, 글을 쓰던 책상, 침대 외에는 별 물건이 없었다.

뒤뜰 작은 창고 안에는 간단한 농기구와 겨울에 먹을 식량을 저장하는 조그만 창고가 있었다. 소로우처럼 그렇게 간단하게 살아도 사람이 살아가는 데는 별 불편이 없는데 욕심으로 가득 차 있으면서 더 가지려고 기를 쓴다.

늘 버려야겠다고 하면서 버릴 물건을 고른다. 골라 놓은 물건은 이리저리 들춰보면서 고민한다. 이런저런 이유를 붙여 다시 집어넣으면서 어떻게 물건을 줄일 것인가. 다른 사람이 보기에는 모두 하찮은 물건일 텐데, 다시 쓸 일이 생기지 않을 줄 알면서 언젠가는 필요할 때가 있을 것 같아 거두어들인다. 욕심으로 가득 찬 속물근성에서 언제쯤이나 벗어날까.

갖가지 재료로 담가 놓은 술을, 술 좋아하는 친지들에게 모두 나누어 주어야겠다고 벼르면서 오늘도 또 돌배 술을 한 단지 담가 바라보고 있다.

달랑 감 한 개 달고

가을이 깊어간다. 나무에 달랑 한 개 달린 감이 쓸쓸해 보인다.

심은 지 6, 7년 밖에 되지 않은 아직 어린 나무지만 감이 많이 열릴 때는 한 접도 딴 적이 있다. 많이 따서 이웃과 나누어 먹는 재미가 쏠쏠 했는데 작년과 금년 이태 동안 감 구경을 못했다. 작년에는 비가 너무 많이 와서 제법 풍성하게 달렸던 꽃이 모두 떨어졌다.

금년에는 지난겨울 혹한에 얼지 않도록 잘 감싸 주었는데도 추위에 견디지 못하고 서너 그루가 다 얼어 죽었다. 봄이 되어도 깨어나지를 못해 마음이 아팠다.

늦봄에 죽은 줄 알았던 단감나무에 연한 싹이 트기 시작해서 얼마나 반가웠는지 만세까지 불렀다. 동해를 많이 입었지만 죽지 말아 달라고 나무를 어루만지며 부탁을 했다.

그래도 꽃이 필 때가 되니 여기저기 가지에 꽃망울을 터트린다. 신통해서 매일 들여다보던 그 꽃도 긴 여름 장마에 모두 녹아 떨어져 버렸다. 금년에도 감이 한 개도 열리지 않을 것이라 생각하고 욕심은 일찍이 비웠다.

그런데 어느 날 보니 나무 맨 윗가지 끝에 감이 하나 보였다. 자손을 퍼트리기 위해 안간힘을 다 한 것 같다. 까치와 까마귀, 산비둘기, 꿩들이 오가다 건드릴까봐 늘 마음이 조마조마했다.

전에는 감나무가 추풍령 이북에서는 추위에 견디지를 못해 심고 싶어도 심을 수가 없었다. 더구나 단감나무는 경남에서밖에 겨울을 나지 못했는데 근래 이상 기온으로 감나무가 경기도까지 올라 온 것이다.

어렸을 적 뒤울안에 감나무를 갖게 해 달라고 아버지에게 졸랐지만 겨울에 얼어 죽기 때문에 심어주지 못한 것을 이제야 깨닫는다. 그때는 뜰에 자라던 포도나무도 추위가 오기 전에 땅에 묻어야 겨울을 났는데 지금은 땅에 묻지 않고 잘 살고 있다.

자연이 하기에 따라 나무가 실하게 잘 지내기도 하고 고생하면서 지내기도 하듯 가정을 꾸려 나가는 것도 똑같다. 한결 같은 삶이 이어지지 못하고 평탄하게 살기도 하고 힘든 삶이 닥쳐오기도 하는 것이 꼭 감나무가 수난을 겪는 것과 닮았다는 생각이 든다.

평생 월급쟁이 남편과 살면서, 아이들 넷 키우며 손톱 밑에 피가 나도록 알뜰한 살림을 해 왔다. 아이들의 단백질 보충을 위해 고기라도 제대로 먹이려고 마장동과 독산동 도살장을 내 집 드나들 듯이 하고, 노량진 수산시장에서 생선을 사 가지고 이고 들고 무거워서 고생하며 다니던 생각이 아득한 옛일처럼 스치고 지나간다.

식구가 많아도 어느 해는 애태우지 않고 편안히 지내기도 하고, 행사가 많은 해는 살림 꾸려나가기가 버거운 때도 있었다. 어떤 때는 병원비로 인해 허리가 휘기도 하고, 여러 아이가 한꺼번에 입학을 해서 입학금 대느라 힘들게 산 일이 엊그제 같다. 이제 다 어른이 되어 일가를 이루고 사는 아이들을 보면서 잘 버티고 살아 왔다는 생각을 한다.

그 긴 세월을 어찌 지냈는지 나 자신이 대견하기도 하고, 가족에게 더 정성을 쏟지 못한 것 같아 미안하기도 하다. 지난겨울 추위에 죽었다 살아난 감나무를 보니 힘겹게 살아난 감나무가 내가 살아온 세월을 보는 것 같아 더 정이 간다.

오늘도 감을 보면서 까치밥으로 둘 것인지 귀하게 달린 열매이니 따서 먹을 것인지 갈등을 하고 있다. 감나무가 자손을 보존하려고 있는 힘을 다 쏟아 키웠을 감 한 개를 놓고 욕심을 버리는 법을 배워야 할 것 같다.

아직 단풍이 덜 들어 파란 잎 사이에 달랑 한 개 달린 감이 안쓰럽기도 하지만 빨간 빛을 발하고 있는 것이 예쁘기도 하다.

별 장

아무리 좋은 별장에 살아도 갇혀 산다면 불행한 삶이다.

동네 사람들이 붙여준 우리 집 개 별장에서는 늠름한 진돗개 남매가 꼬리를 내리고 언제나 슬픈 눈으로 밖을 내다보고 있다. 운동부족에 걸리지 않도록 제법 넓게 지어준 개장이지만 산으로 들로 마음대로 뛰어놀던 기억이 있기에 개들에게는 숨 막히도록 좁은 공간일 것이다.

개를 가두어 놓기 위해 지어준 개장을 동네 사람들이 보고 별장 속에서 호강하고 산다고 했다. 잘 지어 준 우리에 살아도 자유를 잃었으니 무슨 소용일까.

시골에서 살고 있어 적적할 것이라고 아이들이 진돗개 남매를 구해다 준 지가 만 2년이 지났다. 지금 한창 날뛸 사춘기다.

처음 일 년은 산과 들로 마음대로 뛰어다니며 활개를 치고 살았다. 우리가 밭에서 일할 때면 옆에서 놀다가 어느 틈에 자취를 감추고 한참이 지나 어디 갔을까 걱정을 할 즈음이면 온몸에 검불과 흙을 묻혀가지고 어김없이 집을 찾아왔다.

수놈은 편히 지낼 수 있는 집을 지어 주었는데도 뜨거운 햇볕이 내리쪼이는 날도, 온 세상이 꽁꽁 얼어붙는 엄동설한에도, 동생인 암놈 집 앞에 만들어 놓은 평상에서 지낸다. 억수 같이 쏟아지는 빗속에서도, 함박눈이 펄펄 내리는 눈을 다 맞으면서도 집에 들어가지 않고 밖에서 지내고 있어 우리를 안타깝게 한다.

산에서 내려오는 멧돼지나 고라니 같은 들짐승에게서 동생을 지켜 주려는 것인지 그 속을 알다가도 모를 일이다. 밖에서 고생하는 것이 측은해서 편안한 집안으로 들어가 있으라고 아무리 일러도 말을 듣지 않는다. 친남매가 한 우리에 살고 있으니 새끼라도 생기면 도리가 아닐 것 같아 수놈을 수술을 시켰다. 동네 사람들은 잘 생긴 놈들을 씨를 퍼트리지 못하게 만들었다고 아까워했다.

1년여 동안 말썽 없이 잘 지내면서 제법 성견의 티가 나려는 시기에 마을에 내려가 닭을 물어다 목을 잘라 버린 사건이 생겼다. 죽은 닭은 잘 묻어 주었지만 그때부터 개들에게 불행이 시작되었다. 뉘 집 닭인지 동네에 내려가 닭을 기르는 집을 다니면서 물어볼 수도 없고 할 수 없이 개장을 지어 가두었다. 우리가 집에 없을 때 동네 사람이 와서 개장을 둘러보고 갔다는 얘기를 들었다. 개가 갇혀 있으니 아무 얘기도 하지 않고 돌아간 것 같다.

개 훈련소에 맡겨서 교육을 시키면 다시 옛날로 돌아갈 수 있을까하는 희망으로 상담을 했다. 진돗개는 한 번 닭을 물어오면 그 버릇은 평생 고칠 수가 없다는 절망적인 대답이 돌아왔다. 개가 닭을 죽였으니 평생 감옥에 갇혀 지내게 된 기막힌 꼴이 되었다.

가끔씩 운동을 시키려고 한 마리씩 우리 밖으로 내 주면 처음에는 좋아서 펄펄 뛰어 돌아다니다 금방 돌아와 우리 안에 갇혀 있는 짝을 바라본다. 두 마리를 함께 내놓으면 다시 동네로 내려가 닭을 해칠까 걱정이 되어 함께 내놓지 못하는 것도 우리를 슬프게 하는 일이다.

개들의 예리한 감각으로 주인과 조금이라도 인연이 있는 사람을 용하게도 알고 처음 보는 낯선 사람이라도 짖지를 않고 반가워한다. 주인과 상관없어 보이는 낯선 사람이 오면 무섭게 짖어대는 폼이 우리 안에 갇히지 않았다면 금방 무슨 일이라도 낼 것처럼 겁난다.

집에 손님이 오는 날은 개들이 호강하는 날이다. 아이들이나 어른이나 우리에 갇혀 있는 개가 불쌍해서인지 먹을 것을 잔뜩 준비해 와서 개를 품에 안고 쓰다듬어 주며 하루 종일 먹인다.

세상에는 사람 못지않게 머리도 좋고, 의리도 있는 똑똑한 개들이 많다. 우리 개들은 옆에서 주인과 함께 놀아주고 집이나 잘 지켜 주기를 바랐는데…. 우리에 갇혀 있는 개들이나 보고 있는 우리나 답답하긴 똑같다. 아무 생각 없이 저지른 죄의 대가가 이렇게 혹독하다.

무슨 일로 갇혀 있는지도 모르면서 좁은 우리 안을 맴돌고 있는 개들은 오늘도 화려했던 지난날을 생각하는지 슬픈 눈으로 밖을 내다보고 있다. 개들에게 우리 힘으로 아무것도 해 줄 수가 없으니 미안한 마음만 가득하다. 그나마 목이 묶이지 않고 별장 같은 개장에서 마음대로 움직일 수 있는 것으로 위안을 삼아야 될까.

움직이는 보석

우리 집 연못에 비단잉어 십여 마리가 살고 있다.

그 빛깔이 아름답고 떼로 몰려다니면서 활기차게 노는 모습이 마치 보석이 움직이는 것처럼 보인다. 흰 바탕에 붉은 옷, 혹은 검은 옷을 입은 녀석도 있고, 흰빛과 붉은 빛, 검은빛이 보기 좋게 어우러진 것, 아주 하얗거나 노랑 일색이기도 하다. 비단 잉어가 어떻게 옷을 입느냐에 따라 그 가치는 천정부지로 올라간다.

일본에서는 비단잉어에 대한 관심이 많다. 세계적인 수출국이기도 하다. 비단잉어를 '움직이는 보석'이라고 이름을 붙인 사람은 일본인 월원(越原)이다. 해마다 11월부터 3월까지는 비단잉어 품평회가 열리며 많은 관심을 보인다. 잉어를 보는 재미로 기르는 일이니 돈으로 따지거나 옷이 예쁘지 않다고 하는 것은 우리처럼 아마추어에게는 먼 얘기다.

남편의 취미는 벌과 비단잉어 기르기, 연꽃 가꾸는 일이다. 퇴직 후 시골로 내려와 벌 기르기와 연꽃 가꾸는 일이 안정이 되니, 그동안 꿈꾸어 왔던 비단잉어를 기르기 시작했다.

서울서 아파트에 살 때 비단잉어 십여 마리를 길렀는데 시골로 내려오면서 여의치 않아 이웃에 분양해 주고 수조만 옮겨 왔다. 수조를 볼 때마다 비단잉어 생각이 많이 나는지 계속 연못을 파서 잉어를 기르겠다는 욕심을 비쳤다.

수십 여 년 간 비단 잉어를 기르고 있는 남편의 친구 분이 제법 자란 고기 십여 마리를 분양해 주었다. 거기에 그보다 작은 것을 색깔별로 십여 마리 사서 보탰더니 제법 움직이는 보석이 늘었다.

집 앞에 연못을 만들고 수십 마리의 비단 잉어를 집어넣었지만 흐린 물 때문에 잉어가 보이지 않아 있는지 없는지도 모를 지경이었다. 오며가며 붕어를 보려고 애를 쓰지만 고기는 보이지 않았다. 왜가리와 백로가 호시탐탐 연못가를 맴돌고 있다. 30여 마리 중 잡혀 먹히고 십여 마리만 남아 할 수 없이 연못에 그물망을 쳐 놓았다. 그물망이 시야를 가린다.

물 속에서 노는 고기를 보려면 물이 투명하게 맑아야 하기에 비단잉어를 겨울을 날 연못으로 옮겨 놓고, 연못 벽에 돌을 쌓고 바닥에 자갈을 깔아 놓으니 못 속이 한 눈에 들어올 만큼 깨끗해졌다.

비단잉어는 영상 7도면 먹지도 않고 움직이지도 않으며, 2~3도 이하에서는 얼어 죽는다. 겨울을 날 못은 바닥을 깊이 파서 커다란 둥근 고무통을 묻어 놓고, 비닐로 지붕을 만들어 추위에 잘 견딜 수 있도록 만반의 준비를 했다.

날씨가 조금 쌀쌀해지자 먹이에 입도 대지 않기에 비단잉어를 겨울연못으로 옮겼다. 모두 옮긴 줄 알았는데 잉어를 기르는 연못과 연을 기르는 연못이 붙어 있어 그랬는지 경계를 튼튼히 만들어 놓았는데도 고기 두서너 마리가 연못 쪽으로 넘어 가서 헤엄을 치고 있다. 연이 수면을 모두 덮었고 흙탕물이 가득 차 있는 연못에 검은 점과 붉은 점, 흰 점이 보이는 여러 색깔을 가지고 옷을 잘 입은 듯한 비단 잉어들이 언뜻 언뜻 보인다. 겨울을 날 집으로 보내려고 할 수 없이 연이 있는 연못에 물을 다 뺐다.

봄부터 여름내, 가을까지 왜가리와 백로에게 잡아먹히지 않게 하려고 수시로 감시를 하며 먹이도 잘 주고, 정성을 다해 기른 탓인지 고기들이 그동안 많이 자라 팔뚝만해졌다.

어디를 가던 연못이 있는 곳에 비단잉어가 눈에 띄면 구경하느라 시간 가는 줄 모른다. 경주 한옥 마을에 갔을 때 동네 가운데로 흐르는 작은 개울 맑은 물속에 떼 지어 다니는 잉어들이 참 보기 좋았다. 잉어들이 사람 손에 의해 부화가 잘 되고, 어떤 주인을 만나느냐에 따라서 호강도 하고 고생도 한다. 남편은 매일 아침저녁 둘러보면서 정성을 다 해 보살펴 주고 있다.

사람의 힘에 자연의 아름다움이 더해지면서 보기 좋은 그림이 연출된다. 봄이 되어 겨울을 난 잉어들이 맑은 못으로 옮겨져 헤엄치는 모습이 움직이는 보석을 보듯이 눈을 떼지 못한다.

개미와의 동거

수백 마리의 개미가 한 줄로 행진을 하고 있다. 꿀은 만지기만 하면 흔적을 남기기 마련이니 작업장에 꿀을 먹으러 먼저 온 개미가 연락을 했나보다. 개미들이 질서정연하게 줄을 지어 오고 있다.

벌은 춤으로 꿀이 있는 곳을 동료들에게 알려주는데, 개미는 날개가 없으니 어떤 방법으로 동료들과 의사소통을 하는지 궁금하다.

꿀이 든 양념통을 느슨하게 닫아 놓았더니 개미가 통 안으로 새까맣게 들어가 모두 건져내기는 했지만 흙에서 사는 생물이라 먹기에는 영 찜찜하다.

집 주변이나 밭에 집을 짓고 사는 개미는 종류가 많다. 눈에 잘 보이지도 않을 만큼 작은 개미도 있고, 1cm나 되는 큰 개미도 있다. 꿀을 먹으려고 벌통에 집을 짓는 개미는 2mm 정도의 작은 것이고, 집으로 들어오는 개미는 그보다 큰 5mm 정도다. 개미도 다른 종류와 영역을 정해 놓고 서로 침범하지 않고 사는 것 같다.

개미는 농사도 짓고, 먹이도 길러 먹는다는데, 요즘 같은 가뭄에 잘 견딜 수 있는지 궁금하다. 집 주위 밭이나 연못가에 둑이 무너지지 않도록 부직포가 여기 저기 덮여 있어 그 밑은 개미들의 소굴이다. 그것을 들추어 보면 종류별로 수많은 개미들이 집을 짓고 살고 있다.

벌 때문에 농약을 치지 못하고 사니 집 주변에 수많은 개미가 돌아다니고 있다. 없애려고 애도 써보지만 여전히 눈에 많이 띄고 있어 개미와의 동거를 인정하지 않을 수 없다. 개미가 좋아하는 음식만 잘 단속을 하면 집안에까지 들어오는 경우는 드무니 그나마 다행이다. 개미와의 동거는 삶이 끝나는 날 함께 끝날까.

곤충이나 짐승, 사람들 모두 꿀을 좋아하지 않는 종이 없다. 벌은 꿀을 모으고 개미는 꿀을 먹으러 모여들고, 짐승은 꿀을 찾아 헤매고, 사람은 꿀 한 방울이라도 더 얻으려고 온 힘을 쏟는다.

벌을 키우면서 제일 골칫거리는 개미들이 벌통 속으로 들어와 자리를 잡고 집을 지어 놓은 채, 꿀을 착취하며 살고 있는 것이다. 꿀벌은 워낙 깔끔한 곤충이라 내역봉이(알에서 나와 성충이 되어 보름간 밖에 나오지 않고 통안 에서 일을 하는 벌) 새끼를 먹이고 여왕벌을 돌보면서 늘 집안을 살피고 깨끗하게 청소하며 정리하고, 수리를 하는데 왜 개미집은 그대로 두는지 알 수가 없다. 벌통 안에서 개미집이 눈에 뜨일 때마다 떼어 내지만 금방 또 다시 짓는다. 개미의 지능이 사람보다 나은 것인지, 생존하기 위한 필사적인 방법인지 알 수가 없다. 벌통 가에 소금을 뿌려 개미를 막아보지만 별 효과가 없다. 제일 쉬운 방법으로 약을 써서 없앨 수도 있지만 약을 쓰지 않으려 하니 개미와 겨루어 이기기가 어렵다.

오랫동안 머리를 쓰다가 우리 집 식탁에 얹혀 있는 유리덮개에서 방법을 생각해 내었다. 식탁의 테두리보다 유리덮개가 7㎝ 정도 넓어 그곳에 개미가 좋아하는 음식이나 꿀이 있어 유리를 기어오르려고 아무리 애를 써도 미끄러져 도저히 올라오지를 못한다. 개미는 유리에 거꾸로 붙어 돌아다니는 재주가 없어 일단 식탁 테두리까지 와서 거꾸로 붙어 유리로 올라와야하는데 그것이 되지 않기 때문이다.

헌집을 뜯어 싸게 파는 중고품 가게에서 유리판을 사왔다. 벌통이 놓일 바닥을 깨끗이 청소하고 벽돌을 깔고 유리판을 올려놓은 뒤 그 위에 벌통을 놓았다. 벌통이 흙과 닿지 않으니 흙이 튀지 않아 깨끗하고 개미가 유리판 위를 올라오지 못하니 일석이조이면서 보기에도 상쾌하다.

벌들도 깔끔하게 정리가 된 주변이 지내기에 편할 것이다. 벌을 위협하는 여러 가지 천적이 있지만 우선 개미가 덤비지 않으니 살 것 같다.

끊임없이 변화하는 세상살이지만 그 속에서 편히 지낼 수 있는 생각들을 건져 올려 시행할 수 있는 것도 사람이 가진 재주 중의 하나다.

양봉장에 들어설 때마다 유리판이 깔려 말끔해진 벌통 주위를 보는 기분이 아주 좋다.

노래에 빠지다

요즘 노래에 빠져 지내는 생활이 즐겁다.

노래 잘하는 사람을 부러워하면서 평생을 살아왔다. 혹시 노래를 배우면 잘할 수 있을까 노력도 해보았지만 헛일이었다. 노래교실에도 다녀보고 판소리와 민요도 배워보려고 했으나 시간만 허비했다. 타고난 재주가 없으니 조금도 나아지는 기미가 없어 조금씩 하다 그만 두었다. 노래교실에서 강의를 하는 어느 가수 얘기로는 세상에 음치는 없다지만 나 같은 음치가 존재한다는 것을 모르는 모양이다. 노래가 되지 않으니 북과 장구 치는 법을 배우려 했지만 그것도 절대음감이 없는 탓에 돈만 없앴다. 노래에 소질이 없으니 음악을 듣는 것도 열성이 나지 않았다. 잔뜩 사놓고 잘 듣지도 않는 클래

식과 가곡, 가요 등의 CD가 자리만 차지하고 있다.

노래와 인연이 없다 생각하고 오랫동안 노래를 멀리하고 있다가 요즘 나이 들어가는 허전함을 달래려고 노래를 듣는 쪽으로 관심을 가졌다. 숨 가쁘게 살아온 날들을 뒤돌아보며 여유로운 마음을 가질 수 있게 된 것이 좋다. 클래식을 틀어 놓고 일을 하기도 하지만, 온갖 삶의 사연을 담고 있는 트로트 듣는 것에 재미가 붙었다.

아이돌 가수들이 노래하고 춤추는 모습을 보는 것은 좋은데 가사가 하나도 귀에 들어오지 않는다. 태어날 때부터 그렇게 예쁜 것인지, 발달한 성형 덕인지 하나같이 잘생기고 예쁜 아이돌 가수는 누가 누군지 분별하기도 쉽지 않다. 그들이 부르는 빠른 템포의 노래에 귀가 기울여지지가 않는다.

얼마 전 어느 방송국에서 '청춘합창단'이라는 타이틀로 합창대회에 나갈 55세 이상 되는 사람들을 모집했다. 상상을 초월할 만큼 많은 인원이 지원을 했다고 한다. 55세부터 84세의 연세 많은 노인까지 합창단원이 되었다. 인생의 황혼길에 서 있는 사람들이지만 혼신을 다해 노래 부르는 모습이 참 보기에 아름다웠다. 나이는 들었지만 각자 가지고 있는 능력으로 새로운 도전을 하는 그분들의 모습이 좋았다. 뉴스와 다큐멘터리만 보던 TV채널이 이제 노래하는 프로그램도 한몫 끼었다.

요즘은 여러 방송국에서 가수들이 경연을 하는 프로가 생겨 재미있게 보고 있다. 가수들이 열정을 다해 노래를 부르는 모습을 보고 정신이 바짝 들었다. 그들의 노력하는 모습에 내 삶을 비추어 보며 가수들의 노래에 심취하기 시작했다.

짧은 시간에 많은 것을 준비하여 혼신을 다하는 가수의 능력에 대한 놀라움, 노래는 잘하지만 매스컴에 얼굴을 잘 드러내지 않던 가수들을 발굴해서 보여주는 프로그램이 재미있다.

기성가수들의 노래를 편곡해서 부르는 색다른 맛에 함께 장단 맞추고 노래에 깊이 빠져 눈물을 글썽이기도 한다. 가수가 흥에 겨우면 나도 흥이 절로 나고, 춤을 추면 어깨가 들썩여진다. 온 힘을 다하는 모습에 나도 모르게 깊이 빨려 들기도 한다. 예전에 듣던 노래인데도 고향에 대한 그리움과 향수, 가슴을 울리는 가사가 새삼 마음에 와 닿는다.

노래 듣기에 심취를 하니 노래에 대해 많은 것을 배우게 되었다. 장르가 다양한 것도 알게 되어 제법 유식해진 것 같다. 가수가 노래하는 데 그렇게 많은 악기와 협조자가 동원되는 것도 비로소 깨달았다. 노래와 어우러지는 춤은 또 얼마나 재미있고, 보기 좋은지.

자타가 인정하는 최고의 가수인데도 무대에 오르기 전에 긴장하고 떨린다고 청심환도 먹고 끝까지 연습하는 모습이 진정한 프로구나 하는 생각이 들게 한다. 어떤 프로가수는 내공을 갖지 않으면 무대에 올라 올 수가 없을 것 같다고 말한다. 우리는 모두 60억이 뒤엉켜 움직여야 되는 무대에서 살아야 하니 얼마나 큰 긴장과 떨림, 내공을 가져야 하나.

한 곡의 노래가 감동도 눈물도 나게 하듯이 나도 그렇게 감동을 주는 글을 쓸 수 있다면 얼마나 좋을까. 가수들의 노래에 빠져 행복하듯이 글 쓰는 일에 푹 빠져 행복하게 살고 싶다.

그들은 어디로 가야하나

산중턱에 자리한 집에서 내려다보면 날이 좋으면 멀리 치악산도 보이고 높고 낮은 산들이 눈을 시원하게 하면서 온 동네가 한눈에 들어온다.

동네 끝자락에 작은 저수지가 있었다. 집 앞에 앉아 물이 찰랑거리며 햇빛을 받아 반짝거리는 수면을 보는 재미가 좋았다. 저수지에는 제법 많은 낚시꾼들이 낚싯대를 드리우고 있기도 하고, 여름이면 텐트를 치고 지내는 가족도 심심치 않게 볼 수 있었다. 그 저수지 가에 있는 야산의 큰 나무에는 봄부터 가을까지 백로와 왜가리가 진을 치고 살았다.

백로와 왜가리의 둥지가 마치 고층 아파트처럼 층층이 지어져 있고, 파란 숲을 하얗게 덮고 있는 새들이 눈이 온 듯 착각을 일으키게 할 만큼 눈부셨다. 저수지 옆을 지나다니면서 그 새들이 살고 있는 모습을 보는 구경거리가 좋았고, 몇 마리씩 날아오르는 백로의 비상은 장관이기도 했다.

작년 여름 심한 폭우로 저수지 둑이 무너지고, 저수지의 물이 다 빠져 바닥을 드러내면서 바짝 말랐다. 이웃동네의 소유였던 그 저수지를 다시 복구하지 않고 여러 조각으로 나누어 개인에게 팔았다. 이제는 백로와 왜가리를 불러 모았던 저수지가 있던 곳이 비닐하우스도 만들어져 있고, 논과 밭으로 변했다.

계절 따라 고향으로 먼 길을 갔다 돌아온 백로와 왜가리가 저수지가 없어진 것을 보고 얼마나 충격을 받았을까. 저수지가 없어지니 숲에 살던 백로와 왜가리도 살기가 힘들었는지 어디론지 사라지고, 남은 몇 마리만이 쓸쓸히 앉아있다.

그 덕에 새똥으로 맥을 못 추고 누렇게 변해 있던 숲이 정신을 차리고 진초록 색을 띠며 활기가 가득 찬 숲으로 변했다. 새가 없어져 슬픈데, 숲이 다시 살아나 아름답게 변한 것은 희비가 엇갈리는 자연의 조화다.

저수지가 있을 동안 문제가 없었던 우리 집 연못이 수난을 받기 시작했다. 그곳에 살고 있는 백로와 왜가리들이 댓 마리씩 우리 연못에 있는 잉어와 붕어, 미꾸라지들을 잡아먹기 위해 연못가에 몰려와서 진을 치고 있다. 사람이 다가가면 눈

깜짝할 사이에 날아가 버린다. 그곳에 고기가 있는 것을 어떻게 알고 날아오는지 신기하다. 이렇게 자연 속에서 새들과 함께 지낼 수 있는 것도 시골에 사는 재미라고 위안을 해보지만 물고기를 먹어 치우는 것은 괴로운 일이다.

벌 때문에 농약을 치지 못하는 농장은 잡초와 벌레, 새, 산짐승의 낙원이다. 벌이 물을 날라다 새끼를 먹이느라 맑은 물이 필요하다. 마을 곳곳에 논이 많아 물은 지천이지만 농약을 뿌린 논의 물을 먹고 벌들이 죽어서 농장에 두어 개의 연못을 파 놓았다. 연못이 있으니 미꾸라지와 잉어, 붕어를 사다 넣고, 비단잉어도 수십 마리 기르고 있다.

봄이면 올챙이 수천 마리가 떼를 지어 맴을 돌고, 그 많은 올챙이가 다 개구리가 되면 농장이 온통 개구리 천지가 되겠다고 웃지만 정작 개구리는 몇 마리 보이지 않는다. 뱀이 잡아먹고 뱀을 먹기 위해 산짐승이 내려온다. 이렇게 여러 생물들과 어우러져 함께 살고 있어 보기 좋던 백로와 왜가리가 몇 마리 남지 않은 것이 안타깝다.

오늘 아침에도 새벽 동트기 전에 밖에 나가보니 벌써 왜가리 두 마리가 연못가 나무에 앉아 있다가 우리를 보고 날아가 버린다. 아침 요기를 하러온 새를 쫓아버린 것 같아 안쓰럽기는 하지만 먹고 먹혀야 되는 약육강식의 이치를 어떻게 할 수 있을 것인가.

폭우로 사라진 저수지가 논과 밭으로 변한 옆을 지날 때마다 자연을 마구잡이로 훼손하는 사람의 손길에 분노가 일 때도 있다. 파헤쳐진 자연으로 인해 수많은 생명들이 사라지니 이런 결과들이 우리에게 언제 재앙으로 닥칠지도 모르는 일이다. 지난여름 폭우에 만신창이가 된 서울의 물난리가 인재도 작용을 했다니 자연에 손을 대는 일에 좀 더 신중하고 심각하게 생각하며 두려워 할 일이다.

인간에 의해 살 곳을 잃은 백로와 왜가리의 수난이 안쓰럽다. 자연과 공존하면서 살아야 된다는 사실을 알면서도 마구잡이로 자연을 파헤치는 사람들의 어리석음이 언제 끝이 날지 암담하다.

터전을 잃고 사라져버린 백로와 왜가리는 어디로 가서 터를 잡고 살고 있을까. 더 힘찬 비상을 꿈꾸며 살 수 있는 그 새들의 터전이 좋은 곳에 마련되어 있기를 내 마음도 함께 꿈꾼다.

대나무 이야기

뒷동산에 대나무 밭이 사철 푸르러 눈과 마음을 즐겁게 했다.

금년에는 봄이 무르익었는데도 잎이 모두 누렇게 변해서 살아날 기미가 보이지 않는다. 파랗게 우거졌던 대나무가 혹한으로 얼어 죽어 푸른 잎은 자취를 감춘 채 힘없이 늘어져 있다.

죽었다고 안타까워했더니 늦은 봄이 되어 가녀린 죽순이 솟아 나온다. 간신히 겨울 동안 버티고 있다가 종족보존을 위해 순을 내놓은 모양이다.

죽순이 올라오길 기다리는 마음이 이렇게 간절한 것은 집을 둘러싸고 있는 대나무가 보기 좋아서이기도 하지만 생명이 다시 깃들기를 바라기 때문이다. 대나무밭을 스치고 지나가는 바람소리도 좋고, 작은 새들이 조롱이나 말똥가리 같은 무서운 새를 피해 숨을 수 있는 피난처가 되어 좋다.

수십 년 전에 이곳에 살던 누군가가 심어 놓은 대나무가 그동안 많이 퍼져 숲을 이루어 늘 마음을 신선하게 해 주었다.

대나무는 죽순이 나와 자라기 시작하는데 아무런 방해물이 없어야 곧은 대가 된다. 같은 청죽이라도 따뜻한 지방에서 자라는 대나무와 달리 이곳은 대나무가 자라기에 온도가 맞지 않는 탓인지 각양각색의 모양새다. 대나무가 튼실하게 자라지를 못하니 다른 종의 나무들이 비집고 들어와 곧게 자라지도 못하고 가늘어 남쪽에서 자라는 대나무와는 비교도 되지 않을 만큼 빈약하다.

죽순이 올라온들 채취해서 먹을 생각도 없고 자라면 이용하려는 욕심도 없다. 그냥 푸르게 서 있는 대나무를 바라보는 것이 좋을 뿐이다. 가끔 동네사람들이 얻으러 오면 잘라 주기도 하고, 손자들이 다니러오면 낚싯대를 만들어 주는 게 고작이다.

앞뜰에 심어 놓은 오죽도 어렵게 구해다 심은 것인데 자리를 넓혀 가고 있었다. 당연히 그 자리에 잘 있고, 봄이 되면 새싹을 내어 다시 순환을 시작하는 자연에서 이루어지던 일들이다.

검은 빛을 띠고 있어 오죽이라 불리는 대가 바람에 살랑거린다. 검은 빛을 띠고 있어도 생각보다 아름다워 보는 재미가 좋았는데 추위에 이상이 왔는지 누런 잎만 달고 있다. 예측을 할 수가 없이 변하는 것이 자연의 힘이라고 체념하지만 마음이 어둡다. 많이 얼어 죽은 탓인지 그렇게 왕성하게 번져가던 것들이 존재하고 있는 자체도 힘들 정도로 힘겹게 지탱하는 모습이다.

한식에 다녀온 고향 진주는 대나무가 겨울을 끄떡없이 잘 나고 싱싱한 대와 잎이 보기 좋았다. 오죽도 우리 집 것은 수년을 키웠어도 키가 작은데, 진주에서 자라는 오죽은 우리 집 것에 비해 키가 두 배는 더 크다. 국토가 좁다고 해도 남부지방과 중부지방의 온도차가 커서 이곳에서는 아직 나무에 잎도 제대로 나오지 않았는데 진주는 완연한 봄빛이 온 세상을 풍요롭게 만들고 있었다.

여름이면 넓은 잎을 펼치고 탐스럽게 서 있던 파초도 작년에는 애지중지 싸주고 두껍게 덮어 주었는데도 뿌리가 얼었는지 간신히 몇 개의 싹이 나와 초라한 자태를 보이고 있다. 겨우내 추위에 시달리다 간신히 목숨을 부지하고 나온 파초가 얼마나 크게 자라줄지 상상하기가 어렵다.

모든 나무에 푸른 잎이 자라고, 온갖 화초가 싹이 트고, 꽃을 피우며, 갖가지 잡초가 기승을 부리고 솟아나는데, 안간힘을 쓰고 있는 대나무를 바라보는 마음은 안쓰럽기까지 하다.

생명을 가진 것은 주어진 환경에 따라 튼실하게 살기도 하고, 약하게 살기도 하며 목숨을 부지하기가 어렵기도 하다.

대밭을 보면서 산고(産苦)가 힘들더라도 죽순을 많이 내보내서 풍성한 대밭을 만들었으면 하는 염원을 담고, 푸르름으로 가득 찬 대밭을 마음속에 그린다.

2.

은행나무 그늘

여름집

기차를 타고 시베리아 벌판을 지나가면서 여름에만 산다는 작은 집들이 군데군데 있는 것을 보았다. 대다수의 주민들이 겨울에는 추위를 견딜 수 있는 겨울집에서 살고 여름에는 시골에 있는 여름집에서 지낸다고 한다.

우리도 따뜻해지기 시작하는 5월 초부터 추위가 오기 전 9월 말까지 여름집에서 지내고 있다. 허울 좋게 여름집이라 이름 붙인 샌드위치 판넬로 지은 농막은 그런대로 여름을 지내기에는 시원해서 좋다. 침실 하나에 거실, 꿀벌 작업을 하는 작업실과 아이들이 버리기 아깝다고 갖다 놓은 물건을 쌓아 놓은 창고가 있다. 농사를 지으니 농기구를 넣어두는 광은 필수다. 난로에 피울 장작을 재워 놓는 헛간도 있다. 아파트에서 우물쭈물하다 농장에 도착하면 일할 시간이 모자란다. 그래서 아침저녁 시원할 때 일 하기 위해 여름집에서 산다.

집 옆 작은 골짜기의 산들바람이 제법 더위를 식혀 준다. 사방이 짙은 녹음으로 싸여있어 눈이 시원한데다 동네보다 온도가 2, 3도 낮고 바람이 늘 불어오니 골짜기 옆에 앉아 있으면 신선놀음이 따로 없다.

사람의 마음을 편안하게 해주는 소리는, 작고 울퉁불퉁한 돌 위로 떨어지는 물소리라고 한다. 더위도 피하고 마음도 가라앉히는 물소리를 들으며 나뭇잎 스치는 바람소리에 귀를 기울이고, 예쁜 곤충이 날아다니는 것을 구경하며, 온갖 아름다운 새소리를 들을 수 있어 좋다.

진분홍과 연분홍, 하얀색으로 흐드러지게 핀 작약이 눈을 현란하게 한다. 옆에는 금낭화가 초롱불을 조롱조롱 달고 있으며, 자주달개비와 붓꽃도 짙은 보라색을 뽐내고 있다. 못에는 연꽃이 수줍은 듯 봉오리를 내밀고…. 식탁을 풍요롭게 해 주는 갖가지 채소와 앵두, 매실, 양보리수, 자두도 있으며, 가을이면 감과 대추가 있으니 이만하면 살만한 여름집이 아닌가.

삼면을 싸고 있는 산은 깊은 숲을 이루고, 창문으로 들어오는 앞이 탁 트인 경치는 어느 무릉도원 부럽지 않다.

여름집에는 넓은 여백을 남겨 놓고 시원하게 살고자 했다. 하지만 세월이 지날수록 살림에 필요한 물건들이 차츰 공간을 차지해 가고 있다. 더 이상 욕심을 내지 말자고 스스로 다짐을 하지만 실천하기가 어렵다.

여름집은 수많은 생명을 품고 있다. 개 두 마리와 밥 얻어먹으러 오는 길고양이 서너 마리, 비단잉어 수십 마리, 붕어, 미꾸라지, 거기에 벌이 수십 통이니 벌식구만 해도 백여만 마리다. 물고기를 잡아먹으려고 진을 치고 사는 백로와 왜가리, 해오라기, 물총새도 있다.

시간이 남아 돌 때 못가에 앉아 아름다운 자태를 뽐내며 유유히 헤엄치고 있는 팔뚝만한 비단잉어를 들여다보는 재미도 있다. 씨 뿌려 놓은 각종 작물들도 하루하루 자라고 열매달고 하는 모습에서 생명이 깃들고 있음을 감지한다.

여름집은 조용하다. 도로가 멀리 있어 차소리도 들리지 않고, 동네에서 떨어져 있으니 이웃이 없어 삶에서 들려오는 소음도 없다. 벌 때문에 사람들이 가까이 오지 않으니 개가 짖을 일도 별로 없다. 피어나는 꽃들은 소리 없이 꽃잎을 여니 침묵이 흐르는 속에서 가만히 앉아 시골에서만 들리는 소리와 냄새를 가슴 속 깊이 음미할 수 있다.

여름집은 지혜롭다. 문만 나서면 심어 놓은 갖가지 작물들이 손짓을 한다. 된장찌개 안쳐놓고 고추 몇 개 따다 썰어 넣고, 밥 안쳐 놓고 가지 따다 쪄서 무치고, 밥 차려 놓고 깻잎 따다 쌈 싸 먹는 생활이 즐겁다. 장마 후 무섭게 자라는 풀 때문에 힘들기도 하지만 작은 농사라도 일은 해야 되니 어쩌랴.

축축하게 습기 찬 날 난로에 장작을 지피면서 집안의 습기를 거두고, 멋대로 춤을 추며 타고 있는 불꽃을 보면서 갖가지 상념에 잠기기도 한다. 벌을 돌보면서 힘들기는 하지만 너무도 지혜롭고 치열하게 사는 벌에게 감탄을 하면서 배우는 것 또한 즐거움이다.

많은 사람들이 나이 들어 시골에서 살면 좋겠다는 생각을 한다. 하지만 농촌생활에서 얻어지는 편안함은 오랜 세월 뜸을 들여야 농익어 익숙해지고 즐겁게 지낼 수 있는 힘이 생긴다.

문화의 혜택을 받을 수 없고, 해충과 풀에 시달리고 일하느라 고달프기는 하지만 시골에서 지내는 것이 마음과 몸에 생기를 불어넣어 준다. 비록 초라한 농막과 볼품없는 농장이지만, 늦봄부터 초가을까지 조용하고 시원하며 갖가지 즐거움을 주는 여름집이 있어 내 삶이 좀 더 풍요롭다는 생각을 한다.

구월이면 여름집은 적막해진다. 죽은 듯 숨도 멈춘 듯하다. 적막한 여름집을 뒤로하고 겨울집으로 떠난다. 하지만 겨울이면 여름집이, 여름이면 겨울집이 마음 안에 살고 있다. 여름집에서의 할 일이 끝나고 겨울집으로 돌아갔을 때 작렬하는 뜨거움과 찬란했던 여름날이 그리워지리라.

벌레들아 미안하다

새벽에 나가니 살무사 한 마리가 똬리를 틀고 문 앞에 자리 잡고 있다. 비가 많이 와서 마른 곳을 찾아 온 모양이다. 개구리가 지천이니 뱀이 많다. 개구리는 양봉장의 벌과 벌레들을 포식하고 산다.

밭을 맬 때면 수년 째 농약과 화학비료를 주지 않은 밭에 지렁이를 비롯해 많은 벌레들이 꿈틀댄다. 그 모양도 색깔도 가지각색이다. 매끄럽게 생긴 것, 털을 단 징그럽게 생긴 것, 큰 것, 작은 것, 검은 것, 하얀 것, 초록색과 갈색인 것. 모든 곤충의 유충인 벌레는 하나같이 아무리 부드럽게 생겼어도 징그럽다.

벌레 중에는 스스로 보호하기 위해 몸에 독이 든 물질들을 가지고 있는 것이 있어 함부로 만지거나 다루기가 어렵다. 털이 몸에 닿으면 두드러기가 난 듯 벌겋게 부어오르는 것도 있고, 꼬리에 독이 있어 쏘이면 심하게 따가운 것도 있다.

이 벌레들이 모두 성충으로 자라 나비가 되어 하늘을 수놓으면 얼마나 아름다울까. 성충처럼 예쁜 애벌레였다면 보는 것만으로도 즐거워 함부로 죽이지는 않을 텐데 왜 이렇게 유충을 징그럽게 점지를 해놓았는지 모르겠다. 그래서 더 많이 눈에 띌 때마다 죽임을 당한다.

어렸을 때는 털 달린 송충이가 무섭고 싫었다. 지금도 송충이가 몸에 붙으면 몸서리가 처질 만큼 소름이 돋기도 하지만, 죽이려고 손이 가다가도 멈칫하게 된다. 유충을 보면서 익충인지 해충인지 구별을 할 수 없으니 꿈틀거리는 벌레들이 작물을 해 친다는 이유로 무차별로 죽이는 것은 미안한 일이다.

밭을 매다가 개미집을 파헤쳐 수많은 개미가 허둥지둥 알을 물고 헤매는 것을 보면 안타깝다. 편안히 잘 살고 있는 것을 잘못 건드려 집을 잃고 다시 터를 잡아 집을 지으려면 얼마나 고생을 할까 싶어 안쓰럽다. 불란서 소설가 베르나르가 쓴 「개미」를 읽은 후로는 개미집을 건드려 개미가 우왕좌왕하는 것을 보면 머릿속에 온갖 그림이 그려진다.

지구상에서 하루에 멸종되어 가는 생물이 헤아릴 수 없이 많다고 한다. 이렇게 매일 멸종되어 간다면 언젠가는 지구상에 남아있을 생명이 얼마나 될까. 내가 죽이고 있는 벌레가 멸종 되는 종은 아닌지 걱정이 된다. 하지만 그냥 살려 두고 싶어도 심어놓은 작물에 뿌리를 갉아먹고, 줄기를 해치고 잎을 먹어 치우니 그냥 둘 수가 없다. 죽이는 일도 싫지만 죽이고 나서 마음은 영 찜찜하다. 그래서 벌레를 죽일 때마다 '미안하다'는 말이 저절로 나온다.

그래도 우리 집 밭에 사는 벌레들은 주인을 잘 만난 셈이다. 농약을 뿌리지 않으니 모두 전멸 되지 않고, 밭을 매다 작물에 해를 끼칠 것 같은 벌레만 죽이니 그것으로나마 위안을 삼아야 될는지. 농약을 주지 않아 수많은 벌레를 만날 수 있는 것이 오히려 다행일까. 흙을 들출 때마다 벌레가 나오면 깜짝 놀라기도 하지만 땅이 살아있구나 하는 느낌은 좋다.

몇 년 동안 고추를 심다가 포기를 했다. 균 때문에 고추가 죽지만 벌레가 생겨 열리는 것마다 파먹으니 고생해서 심어도 따 먹을 수가 없다. 봄에 열무나 청경채, 배추 같은 것들을 심어 놓고 약을 주지 않으면 벌레가 다 먹어치워 속을 태운다. 우리가 심지 못하고 사먹는 채소에 농약을 준 것이 있겠지만 눈으로 보지 않았으니 그냥 먹을 수밖에 없는 노릇이다. 이렇게 농약 없이는 심어먹기도 힘든 채소들을 유기농으로 키우는 사람들의 노고가 얼마나 클지 짐작이 간다.

농약전문가에 의하면 그나마 다행인 것은 우리나라에서 쓰는 농약은 대개 일주일이나 보름이면 그 약해가 없어져 깨끗이 씻어서 먹으면 걱정을 하지 않아도 된다고 한다.

벌레가 많으니 개구리가 많고, 개구리를 잡아먹으려고 뱀도 돌아다닌다. 여러 종류의 나비와 새가 날아다니는 모습을 볼 수 있고, 각양각색의 예쁜 새 울음소리를 들을 수 있어 즐겁다.

언제까지 농약 없이 사는 생활 할는지 모르지만 독한 화학 약품으로 벌레를 죽여야 하는 일이 내 손에서 이루어지지 않았으면 좋겠다.

불교경전에 '모든 살아있는 생명을 죽이지 말라. 항상 자비스러운 마음으로 모든 중생을 구제해야 한다. 방자한 생각으로 살아 있는 목숨을 죽이면 무엇과 비교할 수 없을 만큼 큰 죄가 된다'고 했다.

사람의 이기심 때문에 세상에 태어나 제 명대로 살지 못하고 죽어야 하는 벌레들에게 미안하다.

비단잉어 긴급 이송작전

오늘도 비단잉어 한 마리가 죽어서 물에 떠있다.

중간 크기의 비단잉어 30여 마리가 개들의 보호를 받으며 잘 자라고 있었다. 못에 물을 공급해 주던 작은 골짜기의 물이 극심한 가뭄에 바짝 말랐다. 신선한 물을 넣어 주지 못해 고인 물이 썩어 가고 있어 산소부족으로 죽은 것 같다. 그동안 실오라기만큼 흐르던 물로 근근이 목숨을 부지해 왔는데 그나마 말라버려 생명을 이어가기가 힘들었나보다. 살기 위해 발버둥 치다가 힘겹게 죽었을 고기를 볼 때마다 마음이 아프다.

물에서 시궁창 냄새가 나고 고기가 죽고 있어 공기유입기로 산소를 넣어 주었지만 별 효과가 없는 것 같아 그저 바라보며 애만 태울 뿐이다. 먹을 물도 모자랄 판이니 못에 물을 대

준다는 것은 엄두도 못 낼 일이다. 죽은 잉어를 화초 밑에 묻어 주고 있는 남편의 마음이 영 편치 않은 것 같다.

다음 날에도 고기가 죽었나 가보니 한 자는 되는 살모사 한 마리가 물에서 헤엄을 치고 있다. 사람이 얼씬하면 돌틈으로 숨어버린다. 잡기도 힘들고 잘못 건드려 물리기라도 하면 큰일이니 여간 곤혹스러운 일이 아니다. 그대로 두면 간신히 목숨을 이어가고 있는 잉어들이 해를 입을 것 같다. 독사 잡기에 여러 가지 아이디어를 짜내다가 큰 나뭇가지를 쳐주는 전정가위로 헤엄치고 있는 뱀을 재빨리 들어 올려 처리를 했다.

벌에 해가 될까봐 농약을 치지 않으니 곤충과 개구리, 생쥐, 두더지까지 온갖 생물들이 판을 치고 산다. 그 때문인지 뱀도 함께 살고 있다. 멸종위기종인 먹구렁이, 황구렁이, 무늬도 화려한 꽃뱀, 거기에 까치독사와 살무사까지 자주 눈에 띈다. 독이 없는 뱀은 그냥 놓아두지만 독사는 죽이지 않으면 사람이 해를 입으니 할 수 없이 눈에 띄면 처치를 한다.

우리에 갇혀있는 개도 있고, 집에서 밥을 얻어먹고 사는 고양이도 몇 마리 있으며, 연못에 비단 잉어도 많이 살고 있어 그것들의 생명을 지켜 주려면 독사는 가차 없이 없애버려야 한다. 혹시 죽은 고기들이 독사한테 물린 것은 아닌가 하는 의구심이 떠오른다.

집에 귀한 손님들이 오신다는데 골짜기에 물이 말라 답답해서 작은 양의 물이라도 고일 수 있도록 장치를 해 놓았다. 이 가뭄에 어떻게 살았는지 손바닥만큼 큰 가재 두 마리가 기어 다니고 있기에 신기해서 손님들께 보여 드리려고 잡아서 물통에 넣어 놓았다.

밤에 동물이 와서 입을 댈까봐 플라스틱 대야에 구멍을 뚫어 숨을 잘 쉴 수 있도록 덮어 놓았다. 손님이 오시는 날 새벽에 일어나자마자 가재한테 가보니 두 마리 다 죽어있다. 얼마나 미안한지 죽은 가재를 한참이나 들여다보았다. 사람의 욕심 때문에 가뭄에도 잘 살고 있는 가재를 죽게 만든 것을 생각하니 안쓰러운 마음이 한참을 가시지 않는다. 손님들이 보고난 후에 바로 놓아주려 했는데 그새 죽어버렸다. 물도 넉넉히 충분한 공간 속에 넣어 놓았는데 왜 죽었는지 모르겠다. 살고 있던 여건이 바뀐 것이 생명을 잃을 만큼 힘들었나 보다.

비단잉어도 그대로 두면 다 죽어버릴 것 같아 환경이 나은 곳으로 옮기기로 했다. 연이 가득 자라고 있는 못은 연꽃의 정화작용으로 물빛은 흐려도 물은 신선하다. 못에 물을 빼고 고기를 일단 연못으로 다 옮겼다. 갓 태어난 손톱만한 고기들은 잡히지도 않거니와 아주 작아 큰 고기들보다 산소가 부족해도 잘 살 것이기에 그냥 두었다.

한가한 시간이 생겼을 때 유일한 낙이 비단잉어 헤엄치는 모습을 들여다보는 일이었다. 연 사이로 숨기도 했고, 물도 흐려서 고기를 볼 수 없지만 긴급 이동작전으로 고기들을 살렸으니 걱정을 덜었다. 연이 무성하니 늦가을 대와 잎이 스러질 때까지는 잘살 것이다. 그때까지 고기들의 모습을 볼 수 없는 기간이 길지만 생명을 살린 것으로 위안을 삼아야 될 것 같다.

마음을 놓은 일도 잠시, 개집 옆 못에 있을 때는 얼씬도 못하던 백로 두 마리가 물고기 냄새를 맡았는지 연못을 휘저어 한창 꽃을 피우고 있는 연을 전부 부러뜨리고 망가트려 놓았다. 왜가리와 해오라기, 물총새까지 사람만 보이지 않으면 아예 못 근처에서 진을 치고 산다. 비단잉어가 이사하는 것을 보았는지 따라왔다. 새들은 신이 났지만 비단잉어들은 잡혀 먹히지 않으려고 얼마나 몸부림을 치고 있을까.

생명을 지키는 일은 사람이나 동물, 곤충, 식물 모두 소중하니 잘 살도록 좋은 환경을 만들어 주려고 노력하지만 마음대로 되지 않는다. 좋은 환경은 자연을 자연 그대로 놓아두는 것이 가장 최선이라 하지만, 희비의 곡선이 생기는 것은 어쩔 수 없는 세상 돌아가는 이치이니 어쩌랴. 천재지변이나 인재로 인한 피해나 마음이 아프기는 마찬가지다.

흙이 슬프다

아파트 10층에서 부엌 창문으로 내다보는 경치가 참 좋다. 푸른 산과 들, 예쁘게 지어진 집들, 어느 외국의 시골마을보다 아름답다. 사철 변하는 경치를 바라보는 것이 큰 즐거움이다.

창문 밖에 펼쳐진 경치 중에 밭이 제일 많은 비중을 차지하고 있다. 그곳에는 우리가 살아가는데 필요한 수많은 작물들이 심겨져 있다. 땅 주인이 부지런한지 아닌지 한눈에 알아볼 수 있을 만큼 주인의 손이 많이 간 밭은 기름이 흐른다. 밭을 내다 볼 때마다 심어 놓은 작물들이 잘 자라서 주인이 자급자족을 하는데 충분한 양의 농산물이 되겠구나 하면서 혼자 흡족해한다.

봄이 되면 흙들이 땅 향기를 뿜으며 기지개를 활짝 펼 수 있다고 좋아할 새도 없이 모든 밭의 흙은 검은 비닐이 덮인다. 흙이 숨쉬기가 어려워 슬퍼할 것 같다.

창문에서 내다본 바다같이 넓은 밭에 제일 많이 심는 것이 고구마다. 고구마가 자라는 밭을 지날 때마다 풀 한 포기 없이 잘 가꾸어진 것을 보고 감탄을 하지만 뒤끝은 씁쓸하다. 고구마를 심기 전에 제초제를 뿌려서 풀이 없다는 얘기를 들은 때문이다. 제초제를 먹고 자라는 고구마는 사람에게 해가 없을까 하는 의구심도 생긴다.

그중 넓은 밭에 해마다 수십 명의 여자들이 모여 고구마 심는 작업을 구경하는 것도 재미있는 일이었다. 금년에는 어찌된 일인지 아무것도 심지 않고 빈 밭으로 여름을 났다. 사람의 손이 가지 않은 밭은 장마를 지내면서 풀은 호랑이가 새끼를 칠만큼 무성히 자라 지나려면 겁이 날 지경이었다. 장마가 끝난 어느 날, 수십 명의 여자들이 밭에 무언가를 심고 있다.

드디어 밭이 제 구실을 하게 되었다는 생각에 반가웠다. 넓은 밭에 검은 비닐이 씌워지고 작물이 심어졌다. 싹일 때는 잘 몰랐는데 어느 정도 자란 후에 가보니 잎이 꼭 당근처럼 생긴 것이 자라고 있었다. 그곳에 많은 돈을 들여 당근을 심었을 리는 없고 당근 잎이 천궁처럼 생겼다니 약초를 심었을 것이라 짐작을 했다. 밭을 갈고 골을 만드느라 여러 장비를 동원하고 많은 인력이 투입되어 심은 작물이니 창밖을 내다볼 때마다 잘 자라 달라고 마음을 보낸다.

태풍이 몇 번 지나가고 밭에 깔았던 검은 비닐이 하나도 남김없이 바람에 날아가 벌거숭이 밭이 되었다. 걱정이 되어 밭에 나가보니 심어놓은 작물은 그동안 제법 크게 잘 자라고 있었다. 풀이 나지 말라고 덮어 놓은 비닐이 다 날아갔으니 나오는 풀을 어떻게 감당 해야할지 내 일은 아니지만 걱정이 되었다.

어느 날, 창밖을 내다보니 십여 명의 남자들이 밭에 흩어져 등에는 농약이 담긴 통을 메고 일을 하고 있다. 그 넓은 밭에 풀을 맬 수가 없으니 제초제를 뿌리는 작업을 하는 것이다.

그 순간 저 밭의 흙들은 참 슬퍼할 것이라는 생각이 가슴을 스치고 지나갔다. 제초제를 뿌리면 풀이 나지 않아 사람의 일손을 덜어 주겠지만 흙과 그 속에서 살고 있는 많은 생명들이 죽어 갈 것이다. 사람이 풀을 뽑으면 닷새가 걸리는 일을 제초제 한 시간 뿌리는 노력으로 해결된다니 경제적으로나 시간적으로 제초제를 쓰지 않을 수 없는 현실이 안타깝다. 사람이 살아가는데 필요한 모든 것이 발달할수록 자연에는 이익보다 손이 더 많다는 사실이 두렵다.

요즘은 유기농법으로 좋은 농작물을 재배해서 큰 수익을 얻는 농민도 많다. 이웃의 사과 과수원을 하는 분은 사과 한 알에 십만 원을 받을 수 있는 좋은 사과를 만들어 팔겠다는 꿈을 가지고 농사를 짓고 있다. 많은 사람들이 유기농 작물을 선호하기 때문에 유기농을 위해 고심을 하는 농민들이 많은 것은 고무적인 일이다.

반면에 농약에 대해 아무 개념이 없이 어떻게 사람에게 해가 되는지는 생각할 필요도 없이 농사를 잘 지어 돈만 벌면 된다는 생각을 하는 사람들도 있는 것을 보고 있다. 심지어 가족들 먹을 것 따로, 시장에 내다 팔 것 따로 농사를 짓는다는 얘기도 들었다.

제초제를 뿌린 밭에서 자라는 작물이 사람에게 해가 되지 않기를 바라면서 생명을 품을 수 있도록 흙이 슬퍼하지 않을 친환경적인 농약이 나올 날을 꿈꾸어 본다.

땅의 눈물

인간들이 너무 땅을 못살게 구니 땅이 눈물을 흘리는 것일까.

살아오면서 예상치 못하게 닥치는 불가항력 때문에 속수무책으로 피해를 당하는 것이 마음을 아프게 한다. 산에서 물이 폭포수처럼 쏟아져 길이 모두 망가지고, 밭의 흙이 떠내려가도 어떻게 손을 쓸 수가 없어 바라보는 마음이 허탈하기만 했다. 살아오면서 그렇게 무섭게 쏟아지는 물은 처음 보았다.

남편은 온 세상을 집어 삼킬 듯 퍼붓는 비를 바라보며 걱정은 접어 두고, 망가지면 할 일이 생기니 좋다고 하면서 웃고 있다. 마음속은 시커먼 잿덩이가 되어 가고 있을 텐데.

지난여름 장마에 전국에서 제일 큰 피해를 입은 여주 이천이 '국가재난지역'으로 선포되었다. 그중에도 우리가 살고 있는 지역이 뉴스 첫머리를 장식할 만큼 비 피해를 많이 입었다. 가을로 접어든 지금까지도 아직 복구 되지 않은 길이며, 논밭이 널려 있다.

방안까지 물이 들어 온 집은 말할 것도 없고, 천장까지 물이 차오른 집도 있다. 길이 떠내려가고, 농경지가 쓸려 나가고, 산에서 쏟아지는 토사가 논밭을 덮어 애써 지은 농사를 망친 집이 부지기수이고, 축사에 물이 들어 소의 허리까지 잠겼다. 주변에 살던 사람들 몇 명이 생명을 잃기도 했다.

이웃의 양봉농가는 벌통이 수십 개 떠내려가고, 어떤 집은 양봉장이 물에 잠겨 시름에 잠겨 있다. 다행히 우리는 사람 다치지 않고, 집과 양봉장은 피해를 입지 않아, 면에서 피해상황을 둘러보러 왔지만 보상신청은 생각도 하지 않았다. 동네에서 조상대대로 살아온 사람들이 이런 물난리는 처음이라고 한다.

동네 뒷산을 깎아내려 택지를 만들고 있던 사람은 쏟아지는 물로 산 아래 있던 비닐하우스와 겨울에 소 먹이려고 만들어 놓은 엔시레이지가 모두 떠내려가 개인적으로 적지 않은 보상을 해 주었다. 나무가 다 베어지고 땅을 파헤쳐 놓으니 물을 품고 있어야 할 역할이 무너져 피해를 입었다고 동네 사람들의 불평이 크다.

밭 양쪽에 있는 작은 골짜기에 덮여있던 흙이 다 떠내려가고 돌만 남아 전보다 폭이 두 배로 늘어났다. 골짜기가 넓어지니 보기에 시원해져서 비가 와서 좋아진 것도 있다고 웃었다. 발을 담그고 놀만한 웅덩이도 새로 생기고 작은 폭포도 생겼다. 아이들이 놀기에 안성맞춤이다. 자연이 만들어 놓은 기막힌 각본이다. 한 쪽은 가슴 아픈 일이 생기고 다른 쪽은 좋은 일도 생기니 공평한 조화다.

연못 무너진 것과 밭둑 무너진 것은 사람을 불러 대강 손질을 해 놓았지만 집으로 올라가는 두 길은 사람의 손으로 복구하기에는 불가능해 기계의 힘을 빌려야 한다. 지금은 농경지와 동네로 들어오는 길을 손보는 것이 우선이라, 포클레인이 모두 바빠서 그 일이 얼추 끝나면 도와주겠다는 대답만 돌아온다.

집 주변을 둘러보면 한숨만 나온다. 가지, 오이, 토마토, 호박 등 여러 작물이 강한 비로 짓무르고 터지고 떨어져서 먹을 수가 없다. 산에서 흘러내린 물이 화단을 휩쓸고 가서 화초들이 뒤엉켜 키가 작은 것은 다 사라져 버렸고, 키 큰 화초는 장대비에 다 쓰러져 그나마 남아 있는 것은 지주를 세우고 끈으로 묶어주었다. 마음 같아서는 차라리 다 없애버리고 깨끗이 정리를 하고 싶지만 혹시 뿌리라도 남아서 내년 봄에 다시 싹을 틔울지 모르니 마음대로 손을 댈 수도 없다.

그 와중에 고라니까지 내려와 속을 썩이고 있다. 50여 일이나 지속된 장마로 자란 풀이 억세져서인지 고라니는 낮에도 밭에 와서 심어 놓은 작물을 먹으려고 호시탐탐 노리고 있다. 산에 있는 풀보다 사람이 먹으려고 심어 놓은 풀이 더 맛이 있나보다. 무서운 진돗개가 두 마리나 있어도 묶여 있는 것을 알고 겁도 내지 않는다. 물로 인해 피해를 입은 것도 머리가 아픈데, 고라니까지 거든다. 그것도 자연의 한 몫이니 어쩌랴.

자연이 망쳐 놓았어도, 다시 복구할 능력을 가지고 있는 인간의 힘은 자연과의 싸움에서 우위에 있는 것일까.

한숨 돌리고, 천천히 힘닿는 대로 조금씩 망가진 땅을 회복시키면서, 다시는 땅이 눈물을 흘리는 일이 없었으면 하는 마음으로 자연 앞에 겸허해져야겠다는 생각을 한다.

은행나무의 그늘

농막 뒤편에 백여 년의 세월을 품은 은행나무가 환한 황금빛을 발하며 서 있다. 가을이 깊어가면서 마을 입구에서 바라보이는 나무는 눈이 부시다.

언제, 누가 심었는지 마을사람 아무도 모르고 있으니 족히 백년은 넘었을 것이라고 짐작을 한다. 골이 깊은 광주산맥을 등 뒤로 하고 늠름하게 서 있는 나무는 여름이면 헤아릴 수 없이 많은 잎을 달고 그늘을 드리워, 나무 밑에 앉아 차도 마시고 담소를 하는 곳으로 안성맞춤이다.

은행나무 잎은 벌레가 끼지 않아, 마음 놓고 나무 밑 편한 곳에 앉아 지낼 수 있어 좋고, 수나무라 열매가 달리지 않아 냄새를 피우지 않으니 그도 다행이다. 수많은 세월, 손을 대는 사람 없이 그대로 자라게 두어 가지가 제멋대로 넓게 퍼져 쉼터로는 제격이다.

초봄, 잎이 나오기 시작할 때부터 단풍이 들기까지 긴 시간을 함께 해온 덩치 큰 은행나무는 언제 보아도 마음을 편안하게 해 준다. 뜨거운 여름이면 무성한 잎이 지붕을 덮어 집안을 시원하게 해 주고, 겨울에는 잎을 다 떨어트리고 가지만 남으니 햇볕이 잘 들어와 집안이 따뜻해서 여름과 겨울을 잘 지내게 해 준다.

사람들이 와서 이렇게 큰 나무가 열매를 달고 있지 않은 것이 아깝다고 하지만 암나무였다면 그 많은 열매를 어떻게 처리 했을지 난감했을 것이다. 차라리 수나무인 것이 고맙다. 열매를 잉태하지 않으니 잎이 그렇게 무성한가 보다.

아무리 화려한 자태를 뽐내고 있어도 수나무 홀로 서 있는 것이 쓸쓸한 것 같아 암나무를 구해다 심었다. 빨리 자라서 수나무를 따라가라고 해마다 퇴비를 넣어 주어도 옆에 있는 나무가 워낙 커서 그런지 늘 가녀린 채로 있으면서 아직도 어린 티를 벗지 못하고 있다. 그래도 금년부터는 열매를 달고 산고를 치르고 있는 것을 보면 신통하기도 하다.

은행나무가 차지하고 있는 면적이 넓어 처음 이사 와서 집터를 넓히려고 잘라버릴까 했다. 동네 사람들이 큰 나무를 베면 집안에 해로운 일이 생긴다고 말려서 그대로 두었다. 그때는 갓 이사 왔기에 그 나무에 대해서 애착도 없었고, 좋거나 나쁘거나 깊이 헤아리지 않아서 베어 없앤다는 것에 대해 아무런 생각이 없었다. 다만 동네사람들이 반대하는 것을 거스르지 않으려고 그냥 둔 것이다. 요즘 와서 생각하면 우리가 받는 나무의 혜택이 여러 가지라 그대로 두기를 잘했다는 생각을 한다. 그때 베어버렸으면 흔적도 없이 사라졌을 텐데 살아남아 앞으로 더 많은 세월을 살다보면 아무도 손을 대지 못할 거목이 될 것이다.

은행나무의 수명은 천년도 더 간다니, 백년을 살지 못하고 가는 사람들이 이 터에 살고 있고, 앞으로 살 사람들을 지켜보면서 세월을 잘 견디고 꿋꿋이 살아 주기만 바랄 뿐이다.

은행나무는 동네가 다 내려다보이는 곳에 자리를 잡고 있어, 온 동네에서 무슨 일이 벌어지고 있는지 훤히 알고 있다. 말없이 그 자리에서 사람과 모든 것이 바뀌어도 오랫동안 동네 돌아가는 모습을 지켜보면서 묵묵히 서 있을 것이다.

옛사람들은 자연 곳곳에 사람을 지켜주는 정령이 깃들어 있다고 생각해서 숭배를 했기에 자연훼손이 덜 되었을 것이다. 어렸을 적 우리 동네에도 커다란 나무에 동네사람들이 기복을 빌면서 달아놓은 색색의 천들이 매어져 있었고, 나무 밑에는 지나다니면서 쌓아놓은 돌들이 탑을 이루고 있었다. 절기마다 나무 앞에 음식을 차려놓고 고사를 지냈다. 우리 집 은행나무도 그 시절이었다면 신앙의 대상이 되었을 것이다.

새벽 은행나무에 깃든 새소리를 들으며 시작하는 하루가 기분이 좋다. 느릿느릿 여유롭게 살고 있는 은행나무처럼 편안한 마음으로 앞으로의 삶을 만들어 나가려고 한다.

토종나팔꽃

나팔꽃에 담긴 애틋한 이야기가 마음속에 자리잡고 있다.

수수깡 울타리를 타고 올라가 아침이면 이슬을 머금고 수줍은 듯 핀 나팔꽃이 왜 그렇게 좋았었는지, 그 끈이 지금까지 이어져 요즘도 나팔꽃이 피어나는 모습을 보고 있으면 마냥 반갑다.

지나간 기억들이 떠오르며 그리움으로 다가온다. 그 속에는 이 세상을 떠난 부모형제의 모습도 담겨 있고, 어릴 적 살아왔던 추억을 모두 간직하고 있다. 마음속에 깊이 침잠해 있던 귀중한 기억들이, 살아오면서 늘 나를 지탱해 주는 큰 힘이다.

야생에 지천으로 피어나는 파란색의 자그마한 토종나팔꽃도 좋지만, 늘 보던 야생 꽃보다 색깔이 더 고운 빨갛고 큰 나팔꽃을 키우고 싶어 꽃씨 파는 곳을 갔다. 이것저것 고르다가 몇 가지 꽃씨를 샀다.

그중에 내가 평소에 생각하던 화려하고 예쁜 나팔꽃 사진이 있는 꽃씨를 손에 넣어 돌아오는 길이 마냥 흐뭇했다. 어느 정도 자라면 적당한 장소로 옮기려고 우선 작은 플라스틱 화분에 함께 구해 온 꽃양귀비며 접시꽃 등을 심었다. 씨앗이 들어있는 봉투의 그림을 보면서 원하던 꽃이 피리라는 기대로 사뭇 마음까지 설레었다. 드디어 싹이 트기 시작하자 나팔꽃 씨는 실하게 잘 나왔고, 접시꽃과 꽃양귀비가 그런대로 싹을 틔웠다.

나머지 몇 가지 꽃씨는 아예 나올 생각도 하지 않고 사라져버렸다. 제법 비싼 값을 주고 산 꽃씨들인데 이웃나라에서 생산된 꽃씨가 또 이렇게 실망을 시키는구나 하면서 나온 꽃 모종이나 잘 키우자고 정성을 들였다. 꽃씨봉투에 사진이 있지만 그래도 어떤 모양의 꽃이 나올지 많은 기대를 하면서 잘 자라도록 환경을 좋게 해주었다.

드디어 모종이 옮겨 심을 만큼 자라서 접시꽃과 양귀비는 화단에 심었고 뿌린 씨만큼 다 나온 나팔꽃의 모종은 여러 곳에 나누어 심었다. 개가 뛰어놀 수 있도록 넓게 쳐 놓은 개집 울타리에도, 새가 와서 물고기를 잡아먹지 못하게 만들어 놓은 연못을 덮은 망 지지대인 쇠파이프에도, 죽은 나무에도,

은행나무 밑 돌담에도, 나팔꽃이 타고 올라가기 좋을 만한 장소에는 모두 심었다. 이국으로 시집을 온 씨앗이지만 건강하고 왕성하게 덩굴을 뻗으면서 잘 자랐다. 이제 여기저기 피어날 아름다운 꽃을 볼 일만 남았다.

양귀비는 일찍 꽃을 피워 진분홍과 연분홍, 흰색으로 생각보다 튼실하게 자라지는 않았지만 그런대로 예쁜 자태로 기대에 부응해 주었다. 접시꽃은 내년에나 꽃을 볼 것이니 그냥 잘 자라고 있는 것만으로도 고마웠다. 문제는 가장 희망을 건 나팔꽃이다. 봉오리를 내미는 데 어째 색깔이 심상치가 않다. 꽃씨를 담았던 봉투의 빛깔과는 전혀 다른 토종나팔꽃이다. 그래도 궁금한 마음으로 꽃이 필 때까지 기다렸다.

아니나 다를까 그 꽃씨봉투에 그려진 그림과는 정반대의 우리 집에 지천으로 피어있는 야생나팔꽃이 피어나는 것이다. 그 허탈감과 속은 것에 화가 났다. 야생에 널려 있는 것이니 많은 양을 채취하기가 쉽고, 비싼 값으로 수출을 할 수 있어서 그랬을까. 그 덩굴은 왕성하게 온갖 곳을 다 타고 올라가 숲을 이루고 있다.

어떻게 그런 사기를 했을까 마음을 끓였다가 아마 그곳에는 이 꽃이 귀한 것인가 보다고 마음을 돌렸다. 그런데 왜 꽃씨봉투에는 다른 사진을 실었는지 이해가 되지 않았다. 원래의 꽃 색깔을 사진에 실으면 팔리지 않았을까봐 그랬을까. 정직하게 살자고 다짐하지만 속아야 되는 현실이 실망스럽다.

가끔 과일선물을 받는다. 잘 담긴 상품도 있지만, 위만 번듯하고 아래에 있는 과일은 작거나 썩고 멍이 들어 있는 것도 있다. 좋은 것만 골라 차라리 더 비싼 값을 받고 팔던지, 아니면 그만 못한 것은 조금 싸게 팔던지. 상도라는 말이 설 자리를 잃었다는 생각이 들면서 꼭 나팔 꽃씨를 속아서 산 것과 같은 마음이 든다.

나팔꽃은 사방에서 왕성하게 자라, 많은 꽃을 피우고 잘 버티고 있다. 그 좋아하던 야생 푸른 나팔꽃이 왜 그리 섭섭했는지 아직도 마음의 수양이 덜 된 모양이다. 자연에서 마음대로 자라고 피는 나팔꽃을 편안하게 살도록 그대로 두고 감상하면 되지. 인간의 잣대로 마음에 들지 않는다면서 꽃을 폄하하는 것이 자연을 거스르는 일이 아닐까.

여기저기에 피고 지는 파란색의 나팔꽃에는 부모형제 모습이 담겨있고 추억이 묻어있다. 종묘상은 이런 내 마음을 헤아려서 빨간 꽃을 그린 봉지에 토종나팔꽃 씨를 넣었을까.

이것저것 생각할 일이 많을 때면 울안을 서성이면서 어렸을 때부터 정을 주고받은 파란 나팔꽃을 바라본다.

우리가 죄를 지은 것인가요

나는 서울 성북동의 잔디밭이 넓은 집 뜰에서, 눈이 소복하게 내린 한겨울에 태어났습니다. 세상 나온 지 2개월이 되었을 때 주인은 '순종 진돗개' 분양한다는 글을 대문에 붙여 놓았습니다. 마침 그 집 앞을 지나던 어느 부부가 시골에 사시는 당신들의 부모님께 보내려고 제법 비싼 값을 주고 샀습니다.

나와 동생은 태어난 후 처음으로 차를 타고 산중턱인 이곳으로 와서 살게 되었습니다. 낯선 곳이라 처음 와서는 부모와 남은 형제들이 그리워 참 많이도 슬펐습니다.

하지만 할아버지와 할머니가 주시는 따뜻한 사랑을 받고, 산으로 논밭으로 마음껏 뛰어놀며 행복하게 지냈습니다. 농장에 오는 사람들의 귀여움을 듬뿍 받으면서 우리는 늠름한 성견으로 자랐습니다.

동네 사람들은 다 자란 우리를 보고 좋은 진돗개라고 우리 할아버지를 무척이나 부러워했습니다. 이웃 사람들은 새끼를 낳으면 꼭 달라고 미리 간곡한 부탁을 하기도 했답니다.

벌을 기르고 있는 할아버지는 튼튼한 새끼를 얻기 위해 근친교배를 하지 않게 하려고 멀리 떨어진 곳에서 여왕벌을 분양 받아 벌통에 넣어줍니다. 그러니 우리에게도 예외는 아니었던 것 같습니다. 어느 날 나는 뜻밖에 수술을 받았답니다. 그저 왜 그래야 되는지 얼떨떨하기만 했지요. 아마 할아버지도 수술을 시키면서 마음이 언짢았을 거라 생각됩니다.

넓은 산야를 마음껏 뛰놀던 우리에게 시련이 닥친 것은 할아버지 할머니가 집을 비운 사이 마을로 내려가 닭 한 마리를 물고 온 사건 때문이었습니다. 할아버지는 닭을 빼앗아서 땅에 묻어주었지만 뉘 집 닭인지 많이 마음이 불편하셨나 봅니다. 그때부터 우리는 좁은 개장에 갇히는 슬픈 운명이 되었습니다. 동네사람들이 와서 보고 개장을 별장처럼 잘 지어주었다고 했지만 별장보다 밖이 더 좋은 우리는 답답하기만 합니다.

우리 둘이 힘을 합치면 소도 잡을 수 있는 데, 튼튼하게 만들어진 쇠 울타리는 아무리 흔들어도 부술 수가 없어 꼼짝없이 갇힌 신세가 되었습니다. 맛없는 인공사료보다 가끔 할머니가 해 주는 생선이나 고기가 든 음식을 먹는 즐거움으로 그나마 위안을 삼습니다.

개장에 갇혀서 할 수 있는 일이라고는 고작 아는 사람이 오면 반가워 꼬리를 흔드는 행동과 할아버지가 양봉장에서 일하고 있을 때 모르는 사람이 오면 알려주기 위해 큰소리로 짖는 것뿐인 무력한 신세가 되고 말았습니다.

할아버지는 목줄을 매서 산책을 시키기도 하고, 교대로 운동을 하도록 했습니다. 꼭 한 마리씩만 내놓는 할아버지가 야속하지만 혼자 나가면 멀리 가지 않고 오빠나 누이동생 때문에 근처를 떠나지 않으니 잡아넣기가 쉬워서일 것입니다.

며칠 전 할아버지는 우리가 불쌍했던지 한꺼번에 내보내 주었습니다. 참으로 오랜만에 감옥 같았던 우리에서 풀려나 십여 분 동안 마음껏 뛰어다녔습니다. 그런데 늘 개장 앞에 얼씬거리며 약을 올리던 짐승 한 마리가 밭에서 놀고 있는 것입니다. 우리는 닭을 잡던 재미있던 일이 생각나기도 했고, 개장 안에 갇혀 있는 우리를 약을 올리듯 뛰어 다니던 그놈이 얄미워서 둘이 덤벼 목과 옆구리를 물고 늘어졌더니 비명소리가 하늘을 찔렀어요. 우리 앞으로 지나가는 놈을 볼 때면 목구멍에서는 나도 모르게 으르렁거리는 소리가 무섭게 흘러나오고 이빨이 시큰거렸거든요. 원래 우리에게 본능적인 분노와 격정으로 상대방의 살에 이빨을 박는 것보다 더 큰 희열이란 없다고 합니다.

소란한 소리를 듣고 할아버지가 한달음에 뛰어 왔습니다. 할아버지는 꿩인 줄 알았더니 고라니를 잡았느냐고 놀라시면서 우리를 강제로 끌어다 다시 가두었답니다. 밀렵이 금지 되어있는 곳에서도 밀렵꾼이 데리고 있는 사냥개가 죽인 동물에 대해서는 죄를 묻지 않는다고 하는 얘기를 들었습니다. 짐승 한 마리 죽였다고 오랜만에 놓여나왔는데 금방 갇혀야 되는지 이해를 못하겠습니다. 사냥개인 우리를 가두어 놓고 꼼짝도 못하게 하는 것이 죄이지 우리가 죄인가요.

우리의 온몸은 고라니의 피로 물들었고, 고라니는 두 눈을 멀뚱멀뚱 뜨고 누워 있었습니다. 그때 할아버지의 심정은 어땠는지 모르지만 곧 누군가에게 전화를 해서 고라니를 치우도록 했습니다. 고라니를 가져간 사람은 보약이라고 희색이 만면했지요. 닭 한 마리 때문에 갇힌 신세가 되었는데 이제 고라니를 잡았으니 자유스러운 바깥세상 구경은 영영 틀린 것 같습니다.

인간의 잣대로 평가 되어, 진돗개의 자존심을 형편없이 구기고 있는 우리 남매의 신세가 참으로 고달프고, 긴 앞날을 어떻게 살아낼지 아득하기만 합니다. 동네사람들은 심어놓은 작물들이 새싹만 나오면 고라니가 다 먹어 치운다고 걱정이 태산 같다고 합니다. 우리를 풀어 놓으면 고라니가 동네에 얼씬도 못할 텐데요. 고라니를 잡은 우리가 정말 죄를 지은 것인가요.

물고기들의 수난

봄 냄새가 상큼 나기는 하지만 아직 영하를 밑돌고 있는 날씨다.

추운데도 왜가리가 와서 연못을 한바탕 휘젓고 가 여기저기 깃털이 흩어져 있다. 어떻게 계절의 변화를 알고 그 먼데서 날아왔을까. 우리나라의 남해안에서도 겨울을 난다니 그곳에서 온 것인지도 모르고, 원래 서식지인 유라시아의 온대지방과 아프리카에서 겨울을 지내고 왔는지도 모르겠다.

비와 눈이 거의 오지 않고 겨울이 다 지나갔다. 이렇게 심한 가뭄은 처음이라고 입을 모은다. 양봉장 옆에 사철 물이 흐르는 실개울이 금년 겨울에는 바닥을 드러낸다. 그곳에 살던 많은 생명체들이 어떻게 겨울을 났을지 걱정이다.

골짜기 옆에 얼음이 얼면 손자들이 와서 썰매를 타라고 작은 연못을 만들었다. 그곳에 해마다 잉어와 붕어, 미꾸라지를 구해 넣는다. 동네 앞 야산 숲에 진을 치고 사는 왜가리가 와서 잡아먹어도 씨는 남기는지 많은 고기들이 살고 있다. 가을에 고구마 캐는 날, 연못의 물을 다 빼고 아이들에게 물고기를 손으로 잡는 이벤트도 벌인다. 아이들의 환호 속에 물고기가 물동이로 그득하게 잡히곤 한다. 아이들은 물고기 잡는 즐거움을 만끽한 뒤 곧 모두 다시 연못으로 풀어준다.

겨울이면 연못 바닥에 웅덩이를 깊이 파서 커다란 고무 통을 묻어 주어 고기들이 그 속에서 겨울을 거뜬히 난다. 얼음이 두껍게 얼어도 연못 속은 얼지 않도록 골짜기 물이 들어갈 수 있게 시설을 해 놓아서 엄동설한에도 잘 지낸다.

금년에는 골짜기에 물이 말라 물을 대 줄 수가 없어 연못의 물이 몽땅 얼어 물고기들이 많이 죽었다. 몇 년간 용케도 새들에게 잡혀 먹히지 않고 잘 자란 어른 팔뚝만한 것과 중고기가 크게 변을 당했다. 죽은 고기들을 건져 내면서 이 많은 고기들이 우리의 잘못으로 죽은 것 같아 마음이 언짢았다.

집에는 동네에서 공동으로 사용하는 지하수를 끌어 올려다 쓴다. 지대가 높아 물이 잘 올라오지 않아 물탱크를 만들어 밤에 물이 고이면 사용할 수 있도록 했다. 한겨울에는 얼어

터질까봐서 수도를 잠가 놓고 물을 조금씩 길어다 쓰기 때문에 연못에 물을 공급해 줄 수가 없다. 수년 동안 얼음 밑에서 고기가 잘 지내고 있어 골짜기에 물이 말랐어도 그렇게 죽을 줄은 생각도 못했다.

봄기운이 솔솔 풍기니 얼음이 녹기 시작해서 죽어 떠오른 고기를 모두 건져 매화나무 밑에 묻어주었다. 동네사람들이 보았으면 가져다 매운탕을 끓여 먹으려고 했겠지만 그러고 싶지가않았다. 물고기의 양분을 먹고 자란 매화나무는 튼실하게 잘 자라서 예쁜 꽃을 피우고, 짙은 향을 뿜어낼 것이며 큰 열매를 맺을 것이다. 매실을 따서 우리가 잘 먹으면 고기의 죽음은 헛되지 않을 것이라고 위안을 삼아야 될까.

살아오면서 사람의 힘으로는 어쩔 수 없는 일들이 자주 생긴다. 재작년과 작년 이태 동안은 여름에 비가 너무 와서 농작물과 꿀 수확이 줄었다. 계획한 대로 되지 않고 예상치 않은 일이 닥치면 속수무책으로 바라만 보고 있어야 되는 것이 힘들다.

연못의 고기도 물이나 자주 채워주고 먹이나 가끔 주고, 겨울에 춥지 않도록 장치를 해 주면 잘 살 줄 알았다. 하지만 어떻게 알았는지 새들이 와서 잡아먹고, 뱀한테 잡혀 먹고, 가물어서 물을 대주지 못해 죽고, 생명으로 태어나 이런지런 고통을 겪다가 명대로 죽지 못하는 것도 자연의 섭리이니 어쩌랴. 물고기가 수난을 당하는 것은 안됐지만 왜가리가 몇 마리씩 연못가에서 노니는 모습은 보기가 좋으니 무슨 조화인지 모르겠다.

왜가리들이 깊숙이 숨어 있는 작은 고기들을 잡아먹으려고 들쑤셔 놓은 연못을 바라본다. 잡혀 먹히지 않으려고 힘겹게 숨어서 생명을 부지했을 고기들이 안쓰럽다.

7년 만의 사랑

검은 고양이가 사랑을 받아들이기 시작한 것이 실로 긴 세월인 7년여 만이다. 며칠 동안 보이지 않더니 새끼를 낳았는지 배가 홀쭉해져 밥을 먹으러 왔다.

고양이 이름은 '작은놈'이다. 암수 두 마리를 사왔는데 암놈인 흰점이 박힌 검은 고양이가 몸집이 작아 '작은놈'이라는 이름을 붙여 주었다. 처음 사왔을 때는 조막만한 것이 쳐다보기만 해도 식식거리고 할퀴려고 덤벼들어 만지기가 무서웠다. 아무리 친해지려고 맛있는 것을 주고 사랑을 보이려 해도 가까이 오지 못하게 했다. 공들인 것도 소용없이 몇 달 후 고양이 두 마리 다 어디론지 가 버렸다.

그 후 누렁 고양이는 흔적도 없이 사라졌는데 검은 고양이는 가끔 동네에서 만나면 임신을 해서 남산만한 배가 축 처진 채 돌아다니는 것을 보았다. 그런지 얼마 후면 아비 어미를 닮은 새끼 고양이를 달고 다니는 것이 가끔 눈에 띄었다. 몸에 노랗고 까맣고 하얀 무늬가 있는 고양이가 태어난 것을 보면서 수놈이 어디에 살아 있나 하는 생각을 했다.

고양이는 1년에 서너 배의 새끼를 낳는다는데 그 새끼는 다 어디로 갔는지 가끔 한두 마리만이 눈에 띌 뿐이다. 고양이의 수명은 14~15년이라지만 먹을 것이 부족한 길고양이는 2~3년 밖에 못산다고 하니 새끼를 많이 낳아도 몇 마리 남지 않는 것 같다. 밥을 먹으러 오면서도 새끼를 달고 오는 법이 없다. 어디에서 어떻게 몸을 풀고 새끼를 기르는지 흔적도 찾아볼 수가 없다. 가끔 새끼가 와서 밥을 먹으려고 하면 어미가 혼을 내며 쫓아버리고 저 혼자만 먹는다. 다른 맹수처럼 철저하게 새끼를 독립시켜 따로 살아가는 모습이다.

양봉장에는 달콤한 꿀 냄새가 항상 풍기고 있어 쥐가 꼬이기 때문에 고양이를 기르지 않을 수가 없다. 검은 고양이가 양봉장을 맴돌고 있어 그런지 쥐의 피해는 없다. 가끔 두더지를 잡아 잔디밭에 죽여 놓은 것을 보고 집 주변에 고양이가 살고 있다는 것을 짐작할 뿐이다.

해마다 새끼를 몇 배씩 낳는 것 같더니 이제 저도 나이 들어서 먹을 것 찾기가 힘이 들었는지 1년 전부터 끼니때면 와서 밥그릇 앞에 앉아서 기다리고 있다. 밥을 주면 얼른 먹고 가버린다. 밥은 주로 남편이 주니 남편은 무서워하지 않는데 내가 옆에 가면 여전히 으르렁거리면서 밥을 먹다가도 도망을 가버린다. 남편이 없을 때 내가 몇 번 밥을 주었더니 저를 해치지 않는 사람이라는 것을 알았는지 이제는 내가 옆에 가도 그대로 밥을 먹고 있다. 그렇게 되기까지 오랜 세월이 걸렸다.

7년 전 장날 집고양이인지 들고양이인 줄도 모르고 사서 집에 데려온 것이 화근이었다. 집에 갖다 놓은 순간부터 할퀴고 물려고 덤비고 으르렁거려 도저히 만지거나 옆에 갈 수가 없었다. 새끼 고양이도 그렇게 무서운지 처음 알았다.

어미 배 속에서 나와서부터 얼마나 시달림을 받았으면 그렇게 사람만 보면 물거나 할퀴고 도망을 가는지 측은하기까지 하다. 그래도 우리가 데려온 고양이라 그런지 만나면 반갑고, 배고프다고 기다리고 있으면 하던 일 젖혀 놓고 밥을 준다.

지금은 고양이가 우리의 사랑이 진정이라는 것을 깨달았는지 우리가 옆에 가도 도망가지 않고 안심하는 표정으로 밥을 먹는다. 긴 세월 만에 사랑을 받아들인 몸짓이다.

사람도 세 살 전에 사랑을 많이 받으면 평생 좋은 모습으로 살지만, 사랑을 받지 못한 사람은 거칠고, 힘들게 세상을 산다는 얘기를 들었다. 짐승도 그런데 사람이야 오죽하랴.

7년이라는 세월이 흐른 뒤에야 우리 곁으로 돌아온 검은 고양이의 편안한 모습을 보면서 사랑이라는 것이 얼마나 귀중한 것인지 새삼 깨닫는다.

고양이를 들여다보고 앉아 있으니 이런저런 인생사가 가슴 속을 맴돈다.

뱀의 수난

에덴동산에서 뱀의 꼬임에 인류가 원죄를 짓게 되었다고 해서인지 많은 사람들에게 뱀은 혐오의 대상이다. 그런데 나는 이상하게 뱀에 대한 호기심이 많다. 동물원에 가면 뱀의 우리에서 한참씩 떠나지를 못한다. TV에서 뱀에 관한 다큐멘터리가 나오면 눈을 뗄 수가 없다. 징그러우면서도 재미있고, 흥미를 유발하니 이상한 일이다.

초등학교 때 학교에 가려면 개울에 놓인 큰 다리가 있었다. 다리 밑 돌무더기 사이에 뱀 수백 마리가 엉켜 있던 기억이 아직도 마음 한 구석을 차지하고 있다. 취미로 뱀을 기르는 사람들은 어떤 애완동물보다 더 예뻐하고 정을 주며, 자기 몸보다 더 길고 무거운 것을 목욕 시키고 입 맞추어 보는 사람에게 소름을 돋게 한다. 인도에서 방울뱀을 앞에 놓고 피리에 맞추어 춤을 추게 하고, 얼굴을 가까이 대는 것을 보면서 독을 빼낸 뱀일까하고 궁금해 한 적도 있다.

아침에 나가보니 개가 비단뱀 두 마리를 죽여 놓았다. 뱀을 보면 머리부터 발로 누르고 질식 시킨 다음 가지고 논다. 개도 본능적으로 뱀이 독이 있어 물리면 치명상을 입는 다는 것을 아는가 보다.

한 마리는 붉은 바탕에 검은 줄무늬가 있는 것이고, 다른 한 마리는 녹색 바탕에 검은 줄무늬가 있는 2년 정도 자란 뱀이다. 가만히 들여다보면 몸에 갖고 있는 무늬가 아름답다. 농작물을 뜯어 먹으려고 오는 고라니를 지키느라 밭가에 매어 놓은 개가 있는 것을 모르고 옆으로 지나가다 변을 당한 것 같다. 두 마리 다 머리가 짓눌려서 죽었다.

양봉장 주변에는 많은 생명이 깃들어 살고 있다. 벌에게 신선하고 깨끗한 물을 먹이기 위해 만들어 놓은 연못에 수천 마리의 올챙이가 맴을 돌고 있고, 각종 민물고기, 비단잉어가 헤엄치고 있다. 주변에 개구리가 지천이니 뱀도 많고, 왜가리와 백로가 진을 치고 있다. 이런 것들을 잡아먹으려고 산에서 오소리와 너구리, 멧돼지도 내려온다.

사람이 오염시키지 않은 자연에는 여러 생명이 마음 놓고 깃들며 자연의 이치에 따라 먹고 먹히는 고리가 형성되어 적당한 생태계를 유지하면서 순환되는 것 같다.

집 근처에서는 여러 종류의 뱀이 눈에 띈다. 검은 빛깔의 보호종인 먹구렁이, 비단뱀, 까만색의 머리가 삼각형인 독사와 살무사 등이다. 독이 있는 뱀은 위험해서 눈에 띄기만 하면 죽이지만, 다른 뱀들은 모두 편안히 살도록 놓아둔다. 설사 물린다 해도 독이 없는 뱀은 상관이 없으니 서로 편안한 마음으로 살고 있다.

밭에 들어가거나 풀밭을 오고 갈 때면 꼭 목이 긴 장화를 신는다. 나물을 뜯으려고 산에 오르면 신경을 곤두세우고 뱀이 있는지 살피게 된다. 시골에 살고 있으니 산에 나물이나 버섯, 도토리 등을 주우러 갔다가 독사에 물려 고생한 사람들의 얘기를 가끔 듣는다.

뱀은 낮에는 사람 눈에 잘 띄지도 않고, 사람을 만나면 슬그머니 자취를 감춘다. 해를 입히지 않는 것을 감지하면 뱀도 물지 않고 피해 간다. 개나 다른 산짐승과 왜가리나 백로의 눈에 띄면 가차 없이 죽임을 당하는 것은 속수무책이다. 산으로 올라가면 땅꾼들이 뱀을 잡기 위해 쳐놓은 그물이 여기저기 눈에 띈다. 뱀이 집 근처에서 살고 있으면 그래도 덜 위험한데 산으로 올라가면 그물에 걸려 모조리 잡힐 것 같아 가슴이 아프다.

모든 생명체가 겪어야 되는 자연의 순리는 어쩔 수 없이 부딪쳐야 하는 일이지만 사람에게 당하는 피해는 뱀에게는 가장 큰 재앙이다.

어쩌다 땅을 기어 다니는 파충류가 되어 수난을 겪고 있을까.

생명을 이어가는 것들

집에서 내려다보이는 바다처럼 넓은 밭에 목초가 탐스럽게 자라고 있었다.

주변에 가축을 기르는 집이 많아 목초를 심은 밭을 여기저기서 볼 수 있다. 여러 마리의 백로가 목초 밭에서 놀고 있는 듯한 모습이 종종 눈에 띄어 진초록 풀 속을 걸어 다니는 하얀 백로가 한 폭의 그림을 감상하듯 보기 좋았다.

서서히 한더위가 가시고 목초가 사람 키만큼 자랐을 때, 트랙터가 와서 밭의 목초를 다 베어 뉘어놓았다. 건초가 된 후, 엔시레이지를 만드는 비닐에 담겨졌다. 그 둥근 비닐뭉치가 치워 지던 날, 어디서 날아 왔는지, 50여 마리도 넘는 백로가 머리를 박고 온 밭을 휘젓고 다니고 있다. 먼저 다녀간 백로가 함께 지내는 가족과 동료들을 몰고 왔나 보다. 많은 백로의 움직임이 눈을 흩뿌린 듯 장관을 이루었다.

연안 물고기를 연구하는 전문가는 사람들이 약을 뿌려 물고기의 씨가 말라가고, 물고기를 잡아먹고 사는 조류가 먹을 것이 없어 곤충을 먹는다는 얘기를 했다. 그래서 백로들도 목초가 베어진 밭에 곤충을 잡아먹으러 온 것 같다. 보는 사람은 구경거리지만 먹을 물고기가 없어 밭으로 날아온 백로 떼는 얼마나 살아가기 힘들까.

요즘 집 근처에 참새가 부쩍 늘었다. 수도 없이 날아다니는 풀무치를 먹기 위해서인가 보다. 전에 보던 송장메뚜기하고는 다르게 검은 몸통의 등에 녹색 줄 같은 것을 가지고 있는 풀무치는 징그럽기까지 하다. 예전에 보던 연두색 토종메뚜기는 눈을 씻고 보아도 없다. 수많은 풀무치가 집 주위를 날아다니며 심어 놓은 작물이나 풀을 가리지 않고 먹어 치우니 난감한 일이다. 집안에까지 들어와 여기 저기 널려 있는 배설물은 꼭 생쥐의 변처럼 생겨 주변에 생쥐가 있나하고 살펴보게 한다.

우리가 풀무치 때문에 골치를 앓고 있을 때, 해남에는 엄청난 풀무치 떼로 농작물이 피해를 입고 있다는 뉴스가 보도되었다. 몇 년 전부터 눈에 띄더니 이제는 제 세상인 듯 돌아다니고 있어 섬찟하다. 중국에서 왔다고 하니 그 방대한 나라에서 오는 곤충과 어떻게 대치해야 되나 걱정이 된다.

오늘 아침, 날이 훤해지기 시작해서 양봉장에 나갔더니 통 안에 있던 벌이 모두 밖에 나와 싸울 자세를 갖추고, 공중을 선회하고 있는 일곱 여덟 마리쯤 되는 말벌과 마주보고 있다.

8월 초, 처음 말벌이 오기 시작 했을 때는 어른 엄지손가락만 하던 것이 초가을로 들어선 지금은 아주 작아져서 중벌하고 구별을 할 수가 없게 되었다. 양봉장을 지키면서 잡아 없애서, 벌을 물어가지 못해 영양실조에 걸린 것인지. 먹을 것이 없는 겨울에 일할 수 있는 말벌은 다 죽고, 여왕말벌 한 마리만 살아남으니 도태시키기 위한 준비 과정인지 모르지만, 수도 줄고 작아진 말벌을 보면 먹지 못해 영양실조로 그리 된 것 같아 안쓰럽기도 하다.

동네 집집마다 김장밭에 고라니의 침입을 막기 위해서 울타리를 쳐 놓았다. 고라니가 심어 놓은 김장을 다 뜯어 먹으니 궁여지책으로 울타리를 둘러놓은 것이다. 우리 집에도 고구마 밭을 지키던 개를 김장 밭 지킴이로 바꾸어 놓았다. 요즘은 고구마 잎이 질겨서인지 고라니가 뜯어 먹지를 않는다. 작년에는 배추에 신경을 늦게 쓴 탓에 잘 자란 좋은 배추만 고라니가 다 먹어 치웠다.

며칠간 밭을 지켰으니 고라니가 개가 있다는 것을 알고 오지 않을 줄 알고 하룻밤 신경을 쓰지 않았더니, 아침에 나가 보니 예쁘게 자라고 있는 무를 두 고랑이나 사그리 뜯어 먹었다.

요즘 도토리와 밤을 줍는 사람들이 산에 쫙 깔렸다. 하루 종일 허리 굽혀 풀숲을 헤집는 사람들이 끊이지를 않는다. 도토리를 주워 적지 않은 돈을 벌었다는 소문도 들려온다. 도토리와 밤을 갈무리 했다가 겨울을 나야 되는 산짐승들은 어떻게 하라고. 사람에 의해 생존을 위협 받는 짐승들이 걱정이다.

우리 집 주변에 일어나고 있는 몇 가지 현상도 이런데 이곳저곳에서 얼마나 많은 생물들이 생명을 이어가기 위해 치열하게 살고 있을지 짐작이 된다.

사람이나 짐승, 새, 곤충까지, 먹고 사는 일이 힘이 든다. 자연의 법칙이 오묘하니 지구상에서 사라져가는 생명조차도 순환의 한 방편인지 모르겠다. 멸종하는 생명이 없이 생겨나는 대로 다 생존한다면 지구가 포화 상태가 될 것 같아 자연이 알아서 정리를 하는 것일까.

아름다운 백로의 자태를 보고 있으면, 힘들게 먹이를 찾는 모습이 상상이 되지 않는다. 지구상에 생명이 존재하는 한 벌어지는 생존경쟁도 자연의 이치이니 어쩌랴.

외국인 일손

마을에 나이 든 사람들만 남아 있으니 일손 구하기가 하늘의 별따기다. 웬만한 일은 기계가 하니 품앗이도 없어졌다.

일손이 딸려 종종 우리나라에 일하러 온 외국인에게 농사일을 부탁한다. 직업소개소에서 일할 사람을 찾으면 거의 외국인을 보내준다. 어쩌다 우리나라 사람을 만나면 행운을 얻은 듯 그날은 하루 종일 마음이 놓인다. 대개 농사짓던 사람들이라 할 일을 시키지 않아도 척척 알아서 하고, 먹는 것이 같으니 여러 가지로 편하다. 외국인은 일의 내용도 모르고, 일의 앞뒤를 몰라 통하지 않는 언어로 손짓 발짓으로 일을 시키느라 답답하기는 서로 마찬가지다.

중국에서 농사를 짓던 조선족이 오면 다행인 것은 생활양식이 비슷한 동포끼리라 일을 맡기기가 수월하다.

동남아 쪽의 사람들은 순박해서 정이 가긴 하는데, 하루 종일 따라 다니며 일을 시켜야 하므로 피곤하다. 카자흐스탄 쪽에서 온 사람들은 기운이 좋아 조금 나은 편이다. 얼마 전 태국에서 온 사람은 한국말이라고는 '밥' 밖에 할 줄 몰라 애를 먹었다. 굶지 않게 하려고 누군지 '밥'이라는 말부터 가르친 것 같다. 점심을 먹어야 하는데 무얼 주어야 하는지 알 수 없어 갈비탕을 사 먹였다.

나도 외국에서 몇 년 간 살았던 경험이 있어 외국인이 오면 더 살갑게 해 주고 싶은 마음에 신경이 많이 쓰인다. 풀을 베라고 시키면 어느 틈에, 애지중지 기르고 있는 화초나 나무도 베어 놓고, 바짝 잘라야 되는 풀을 엉성하게 대충 잘라서 뒤돌아서면 그대로인 것 같다.

그들도 자기 나라에서는 훌륭한 문화 속에서 살았을 텐데, 낯선 외국에 나와서 전혀 다른 문화를 받아들이려니 어렵고 힘이 들 것이다. 그들이 편안하게 잘 적응하고 자신의 능력을 발휘하려면 하루빨리 우리나라의 언어와 글을 배워야 편하게 살 것인데, 하루하루 노동으로 살아가야 하니 언제 우리 문화에 익숙해질 것인지 걱정이 되기도 한다.

나라가 다른 사람끼리 서로 이해를 하기가 어려워 똑같은 일이라도 다르게 해석이 되어 얼마나 힘들 것인가. 농사일은 하루에 끝나는 것이 아니니 대충 하는 사람보다는, 열심히 하면 계속 그 사람을 쓰게 된다. 우리나라 문화에 적응이 되지 않았어도, 성실하게 사는 모습을 보여 주면 일거리는 얼마든지 있다. 외국인이라는 생각을 하면 그들에게 향한 불편함이나 불평은 할 수가 없다.

우리 동네에도 여러 명의 외국 며느리들이 있고, 비닐하우스나 버섯농장, 화훼농장, 양봉장에서 일하는 외국인도 많다. 모두 말없이 적응하고 잘살고 있다. 이들을 보고 있으면 세계 각국에 나가 살고 있는 우리나라 사람들의 삶이 그려진다.

휴일에 시내에 나가보면 우리나라 사람들은 별로 눈에 띄지 않고, 외국인들만 여기저기 삼삼오오 짝을 지어 돌아다닌다. 일주일 내내 일하고 고향 친구와 만나며 고향 음식도 함께 먹는 향수 때문일 것이다. 지방 도시인 이곳에도 이렇게 외국인이 많으니 나라 전체에는 얼마나 많은 외국인이 살고 있을까. 이제는 다문화시대가 된 현실을 직시하고, 좀 더 따뜻한 마음으로 그들을 대하고, 보듬어 안아 주면서 외국인이라는 생각을 마음속에서 털어내고, 우리 이웃이라는 사실을 인정해 주어야 한다.

어떤 사람이 와서 일을 할까보다는, 누구라도 와서 마음 편히 즐겁게 일을 하고 갈 수 있는 농장을 만드는 것이 우선일 것 같다. 열심히 일하려고 노력하는 사람을 보면 도와주고 싶은 생각이 절로 난다. 어렵게 돈 벌러 왔으니 모두 목적한 바를 잘 이루었으면 하는 바람이다.

3.

숲의 침묵

백년에 한 번 피는 꽃

백년 만에 한 번 핀다는 고구마 꽃이 밭을 수놓았었다.

짙고 연한 보랏빛이 조화를 이루며, 토종나팔꽃을 닮은 모양이 예쁘다. 흔히들 고구마 꽃은 귀해서 꽃이 피면 나라에 좋은 일이 생긴다고 하고, 집안에도 경사가 생긴다는 얘기들을 한다. 고구마 농사를 지은 지 10여 년 만에 꽃 피는 것을 처음 보았다.

고구마는 줄기가 땅에 닿아 있으니 꽃도 땅에 흩뿌려 놓은 듯 피어 있어 더 신비감을 자아냈다. 금년에는 무슨 좋은 일이 생기려나 하는 은근한 기대가 마음속에서 피어오른다.

올해 처음으로 자색고구마를 심었다. 자색고구마의 효능이 여러 가지로 많아 몸에 좋다고 해서 아이들 먹이려고 잔뜩 심었다.

고구마는 씨앗을 심어 수확하는 작물이 아니므로, 꽃이 워낙 흐드러지게 피어서 꽃으로 영양이 다 올라가 고구마 밑이 잘 들지 않을 것이라는 생각을 했다. 여름 내 꽃구경을 잘 했으니, 밑이 들지 않아도 섭섭하지는 않으리라 생각하고 자색 고구마 수확에 별 기대를 하지 않았다.

휴일에 아이들이 다 모여 봄에 각기 자기가 심어 놓은 고구마를 캤다. 뜻밖에 제법 굵은 고구마들이 흙 밑에서 얼굴을 내밀고 있다. 아이들이 환성을 지른다. 고구마를 캐는 아이들 손도 신이 난다. 어린 고사리손으로 캐느라 찍어 놓은 고구마가 산더미다. 밤고구마나 호박고구마는 상처가 나면 며칠 후면 썩는데 자색 고구마는 안토시아닌 성분이 많이 들어 있어 찍혀도 잘 썩지를 않는다니 그나마 다행이다.

처음 구경한 자색 고구마는 껍질 색깔부터 범상치 않더니 반을 잘라보니 짙은 보랏빛이 참으로 곱다. 먹으면 몸에 좋은 건강식품일 것 같은 생각이 절로 든다. 땅 속에서, 자연이 만들어 낸 색이 이리 고울 수가 있다니….

고구마 꽃은 열대지방에서는 흔하게 핀다고 한다. 우리나라처럼 온대지방에서는 꽃이 피기에 온도가 적당하지 않은가 보다. 금년에 중부지방은 유난히 덥고 비가 오지 않아서 이런 현상이 일어났나 보다.

고구마는 캐서 십여 일 숙성을 시키면 달게 된다고 했는데, 캐서 금방 쪘는데도 맛이 달다. 자색 고구마는 쪄서 먹으면 맛이 덜하고, 오래 숙성 시킨 뒤 생으로 먹으면 좋다고 해서 별 기대를 하지 않았다. 그래도 생각보다 맛이 있다. 다른 고구마보다 훨씬 단단한 것이 먹을 만하다.

농업기술센터에서는 가지각색의 고구마를 만들어 그 효능을 조사하고 있다니 앞으로 어떤 색의 고구마가 각광을 받을는지 기대된다. 주황색, 노랑색, 분홍색, 자색, 내년에는 우리도 여러 색깔의 고구마를 심어 아이들이 좋아하는 모습을 보고 싶다. 자색 고구마에서 보랏빛 꽃이 피었으니, 고구마의 빛깔에 따라 꽃의 색깔도 다를는지 궁금하다. 고구마를 캐면서 벌써 내년 농사를 꿈꾸고 있다.

자색 고구마를 앞에 놓고 여러 가지 응용방법을 생각해 본다. 얇게 저며서 각종 야채와 함께 생무침을 해도 좋고, 갈아서 부침개를 해 먹어도 좋으며 생으로 갈아서 즙을 만들어 먹어도 좋다고 한다. 다양한 방법으로 먹는 방법이 있으니 자색 고구마를 심기를 잘했다는 생각이 든다.

밭에 가득, 고운 보라색 비단을 깔아 놓은 듯 피어 있던 고구마 꽃이 아직도 눈앞에 어른거린다.

숲의 침묵

숲이 침묵하고 있다.

예년 같았으면 겨울의 끝자락에서 봄으로 넘어가는 이맘때쯤이면 겨울 추위에서 놓여난 온갖 새들의 지저귐이 숲에 멋진 하모니를 만들어냈을 것이다. 겨울잠에 빠졌던 숲이 새소리를 들으면서 깨어나려고 수런거리는 소리가 들려야 하는 데….

금년 봄에는 어쩐 일인지 새소리가 들리지 않는다. 한겨울에 먹이가 귀할 때 뿌려 놓은 옥수수와 다른 곡식들도 하나도 없어지지 않고 그대로 있는 것을 보면 새가 도통 근처에는 오지 않은 것 같다.

해마다 겨울이면 눈 덮인 산에서 굶을 것 같은 새들을 위해 고기에서 떼어낸 기름 덩어리며 옥수수와 쌀 같은 곡식을 군데군데 놓아두면 잘도 먹어 없앴는데 금년 겨울에는 미동도 없다.

이제 혹독한 추위도 지나가고 봄기운이 살살 풍겨 오고 있어 요란한 새소리가 시끄럽게 들려야 하는데 숲이 침묵을 지키고 있으니 기분까지 가라앉는다. 새소리가 들리지 않는 숲이 너무도 조용해서 온 세상에서 고립된 것은 아닌가 하는 생각도 들고, 세상에 혼자 존재하고 있는 것 같기도 한 것이 느낌이 이상하다.

조류인플루엔자로 오리와 닭 등을 기르는 농가에서는 걱정이 태산인데 숲 속에 사는 새들에게까지 병이 전염 된 것은 아닌지 모르겠다. 날씨가 좀 더 따뜻해져서 산에 온갖 꽃이 피어나도 새가 깃들지 않을까봐 공연히 걱정이 된다.

다른 해 같았으면 새들이 알을 품을 준비로 집을 만들려고 분주히 날아다닐 텐데 새의 그림자도 볼 수가 없다. 새가 날아다닐 때는 별 관심이 없었는데 새가 한 마리도 보이지 않고 새 소리가 들리지 않으니 갑자기 공포감이 엄습하기도 한다.

단 몇 분이라도 없으면 생명을 부지할 수 없는 공기도 평상시에는 아무 느낌을 갖지 못하다가 산소가 희박한 고산지대나 스스로 호흡을 할 수 없는 환자들에게는 절실히 필요한 것임을 깨닫는다.

도대체 새들이 다 어디로 갔을까. 집 뒤 산 속 숲에 철새가 와서 조류인플루엔자를 퍼뜨려서 새들이 모두 죽은 것은 아닌지, 무슨 일이 일어났는지 알 수가 없으니 답답하기만 하다.

침묵은 때로는 마음을 정화시키고 사물을 차분하게 볼 수 있는 계기도 주어지지만 침묵이 있을 수 없는 곳에 침묵이 흐르면 초조하고 불안하다.

빨리 봄기운이 더 따뜻하게 퍼져 예쁜 꽃들과 함께 새들이 다시 찾아와 노랫소리를 들려주었으면 좋겠다. 주변에서 여러 종류의 생명을 품고 함께 지낸다는 것이 커다란 축복이라는 것을 새삼 깨닫는다.

백로와 쇠오리

동네 어귀에 있는 저수지 옆 야산에 백로와 왜가리 서식지가 있어 봄부터 가을까지 많은 수의 새들이 큰 나무 위에서 살고 있다. 멀리서 보면 눈이 내린 듯 나무가 온통 하얗게 덮여 있어, 나무의 푸른 잎과 어우러져 장관을 이룬다. 저수지 옆이니 고기도 잡아먹고 주변에 논밭이 많으니 먹을 것이 풍부해서 백로와 왜가리가 살고 있는 것 같다.

여름철새인 왜가리는 논이나 개울, 하천 등에서 생활을 한다. 유라시아대륙과 아프리카, 온대지방에서 열대지방에 걸쳐 번식을 하는데 우리나라는 경기도 여주, 김포, 횡성군 등에서 지내고 있다.

집 뜰에 작은 연못이 있다. 손자손녀들이 놀러 오면 고기도 잡고 보트도 타게 하려고 만든 못이다. 커다란 트럭 타이어 두 개를 붙여서 서로 잘 묶어 그 위에 고무통을 얹어 타고 다닐 수 있도록 세상에 하나 밖에 없는 보트도 만들어 띄워 놓았다.

해마다 그 연못에 붕어와 잉어를 수십 마리씩 구해다 넣는다. 손자손녀들이 오면 연못의 고기를 보여 주기도 하고, 뒤 숲에서 베어온 대나무를 이용해 낚시질을 하게 한다. 고기가 낚여도 도로 연못에 놓아 주지만 약육강식의 심리인지 아이들은 고기가 낚이는 것을 보면 너무도 좋아한다.

어느 때부터인지 연못가에서 왜가리 몇 마리가 살고 있다. 사람이 가면 달아났다가도 금방 와서 연못을 헤집고 다닌다. 어떻게 그곳에 연못이 있고 고기가 있는 것을 아는지 참 자연의 오묘한 섭리는 신비하기만 하다.

왜가리가 큰 물고기는 잡아먹었어도 돌 틈에 숨어있는 작은 물고기는 잡아먹지 못했는지 먹이를 주면 수십 마리의 작은 물고기들이 입을 벙긋대며 먹이를 받아먹으려고 몰려들곤 한다.

집주변에 풀이 많아 벌레도 많이 모여들고 토끼도 가끔 눈에 띈다. 벌을 잡아먹으려고 벌의 천적들인 말벌과 중벌, 잠자리, 사마귀, 거미, 개구리, 두꺼비 등이 모여 들고, 이런 것들을 먹으려고 뱀도 오고 족제비와 멧돼지, 농작물을 먹어 치우는 고라니도 온다.

가을이 와서 날씨가 쌀쌀해 지니 왜가리는 남쪽으로 날아갔는지 자취를 감추었고 요즘은 겨울 철새인 쇠오리가 대여섯 마리가 연못에 떠다니고 있다. 쇠오리가 어찌나 예쁘게 생겼는지 처음에는 원앙새인 줄 알고 가슴이 다 설레었지만 원앙새는 아니고 조류도감에서 찾아보고 쇠오리로 짐작하고 있다. 연못에 이렇게 아름다운 오리가 떠다니니 꿈을 꾸는 듯 행복하기까지 하다.

쇠오리는 겨울철새로 북구에서 널리 번식하는데 우리나라는 경남 을숙도와 서울 한강 등을 찾는다. 자그마한 것이 수컷은 빛깔도 고와 언뜻 보면 원앙으로 착각할 만큼 예쁘다. 연못을 파느라 애썼고, 물고기를 사다 넣느라 돈은 들었지만 봄부터 가을까지는 왜가리, 가을부터 초봄까지는 쇠오리 이런 새들이 날아와 진을 치고 있는 것은 생각하지 않은 횡재다. 어떤 때는 청둥오리도 몇 마리씩 왔다 가기도 한다.

작년에는 미처 따뜻한 곳으로 가지 못한 겨울철새인 청둥오리가 여름에 몇 마리 노닐고 있기도 했다. 아직 살아남은 작은 물고기들이 새들의 표적이 되나보다

시골에서 살면서 문화적인 혜택은 도시사람들보다 받지 못한다 해도 이런 신비스러운 자연의 조화를 볼 수 있어 시골생활이 즐겁다.

오동나무

평생 살면서 이렇게 한 종류의 나무가 좋아지기는 처음이다.

5월 중순, 수십 년 나이를 먹은 오동나무가 예쁜 보라색 꽃을 다닥다닥 달고, 진초록으로 물들어가고 있는 산 속의 나무들 사이에서 이상한 신비감을 내뿜고 있다.

우리 집 뒷산에 오동나무 다섯 그루가 서 있다. 오동나무가 주변의 다른 키 큰 나무들과 빽빽이 들어 찬 대나무를 거느리고 의연히 서 있었지만 나는 아무 생각이 없었다. 작년에 문우들이 집에 다녀가면서 내년 5월 오동나무 꽃이 필 때 다시 오겠다고 했다. 그때부터 오동나무에 대해 관심을 갖기 시작했다. 서울에서 이 먼 곳까지 오동나무 꽃을 보러 오겠다는 마음이 고마움으로 승화되어 마음속에 꼭 박혀 있었나 보다.

관심이 없었을 때 오동나무가 두 그루인 줄 알았는데 문우들 얘기를 듣고 오동나무를 올려다보니 나무 사이에서 한 그루 한 그루 눈에 띈 것이 모두 다섯 그루나 되었다.

수십 년 씩 자란 커다란 나무들이 왜 이제야 눈에 들어 왔는지 모르겠다. 이 산 속에 언제 누가 심었는지 모르지만 키 큰 나무들 속에 숨어 있어 누구의 손도 타지 않고 잘 자라 주어서 고맙기까지 하다. 살면서 얼마나 많은 일들이 알게 모르게 스쳐 지나 가는지 오동나무를 보면서 새삼스럽게 깨닫는다.

어느덧 5월이 다가오고 매일 오동나무를 올려다본다. 다른 나무들은 다 잎이 나오고 꽃을 만발하게 피워 산을 수놓고 있는데 오동나무는 미동도 하지 않고 죽은 듯이 서 있다. 매일 바라보아도 살아 있는 기미가 보이지 않는다. 오동나무에 관심이 없을 때는 겨울 추위를 견디지 못해 죽은 줄 알았다. 죽은 듯 서 있던 나무가 어느 날 잎은 나오지 않았는데 아래의 가지에서부터 몇 개씩 연한 보랏빛 꽃망울을 터뜨리기 시작한다.

오동나무 꽃이 만발하게 피었을 때 딱 맞추어 꽃구경을 오라고 하기 위해 하루 종일 오동나무가 눈에 들어올 때마다 고개가 빠지도록 바라보곤 했다. 다른 나무들은 꽃이 지고 잎이 넓어지면서 초록빛이 짙어가고 열매를 맺기 시작하는데 그 때서야 침묵을 지키던 오동나무가 꽃을 내민다.

오동나무는 가볍고 나뭇결이 고와서 누구에게나 사랑받는 나무로, 나무 중에 비단이라고 한다. 오동나무에 대한 추억은 친정어머니의 이층장에 가득 배어 있다. 어머니가 시집살이 하다가 세간날 때 처음으로 아버지가 유명한 장인에게 맞추어 주신 것이라고 하여 늘 손때를 묻히며 아끼던 장이 오동나무로 만든 것이었다.

오동나무 꽃은 바로 가까이에서 보면 별로 빛을 발하지 못하는데 멀리서 바라보면 온통 초록색으로 물든 나무들 사이에서 보이는 보랏빛이 황홀하도록 아름답다. 햇빛이 비추는 방향에 따라, 바라보는 각도에 따라 느껴지는 감정이 가지각색이다. 우리네 삶이 시시각각으로 변화무쌍하게 펼쳐지듯 오동나무 꽃 색깔도 표현하기 어려울 만큼 다양하다.

넓적한 잎을 가진 산 속에 있는 오동나무가 산 속보다 집 옆에 있다면 얼마나 좋은 그늘을 드리울지 아쉬운 생각까지 든다. 4월말부터 몇 개씩 피던 오동나무 꽃이 5월초로 접어들면서 만개를 하며 자태를 뽐내더니 5월 중순까지 많은 꽃을 달고 서 있다.

5월말이 되니 커다란 잎이 그늘을 드리우면서 꽃이 몇 개 남지 않았다. 바람에 떨어지는 보라색 꽃이 아까워 하루에도 몇 번씩 주워서 감상을 한다. 오동나무도 나처럼 꽃을 감상해 줄 사람들을 기다렸을 것이다. 오동나무를 사랑하는 그분들이

다녀간 후 내년 꽃 피울 때까지 자랑스러움이 배어 온갖 풍상우로(風霜雨露)를 견디며 씩씩하게 살아갈 것이다.

오동나무로 인해 삶의 여유를 찾고 인생을 관조할 수 있었던 것은 멋진 수확이다. 찾아오는 분들이 몰고 오는 신선한 바람은 조용한 시골생활에서 잠자고 있던 감성을 일깨워 주는 도화선이 되기도 한다. 더구나 좋은 사람들과 모여 맛있는 음식을 먹으며 오동나무 꽃을 감상하고 담론의 시간을 가질 수 있었던 일은 산 속의 일상에 더할 나위 없이 즐거운 활력소다.

이제 오동나무는 내 마음속에 소중하게 자리 잡은 나무가 되었다.

눈에 갇혀서

컴퓨터를 켜고 다음 단계로 넘어 가는 순간 모니터의 화면이 깜깜해진다. 그 1초 동안 세상과 단절되는 듯한 느낌이다. 곧 환한 화면이 떠오를 것을 알면서도 매번 컴퓨터 앞에 앉을 때마다 부딪치는 현상이다. 이 세상에 혼자가 된다는 것이 그렇게 두려움을 가져다 주나 보다.

우리 집은 눈이 오면 길이 미끄러워 꼼짝을 못하는 경사진 산자락에 위치하고 있다. 눈이 많이 오면, 멀리 있는 국도에 차가 한 대도 다니지 않는 것을 창밖으로 내다보며 세상과 단절된 고독감을 문득 느낀다.

눈이 내린다. 싸락눈으로 시작하더니 이제 함박눈이 되어 펑펑 쏟아진다. 난롯불 앞에 앉아 춤추는 불꽃을 바라보며 눈이 쏟아지는 풍경을 보는 것이 마냥 즐겁다. 논과 밭, 산, 온천지가 금방 흰 세계로 변하는 모습이 경이롭다. 눈은 삶의 한 순간을 즐겁게 도약할 수 있는 계기를 주는 상징이며, 세상을 깨끗하게 변화시키고, 사람의 마음도 순화 시켜주는 신비한 결정체이기도 하다.

금년에는 눈 구경을 별로 못했는데 기상청에서 예고한 대로 앞이 보이지 않을 만큼 쏟아지고 있다. 3월에 이렇게 눈이 많이 내리는 것은 100년 만의 일이란다. 꼼짝도 못하고 집안에만 갇혀 있는 날이 계속 된다 해도 걱정은 뒷전이고 눈 오는 것만 좋으니 아직도 마음은 동심이다. 서울과 온도 차이가 5~8도가 나는 산골이니 눈이 와도 잘 녹지를 않아서 별천지에 있는 것 같다.

밤새 내린 눈이 거의 20cm나 된다. 온통 흰 세계다. 눈만 오면 꼼짝 못하는 곳이라 눈이 오는 것이 즐거움이기도 하지만 두려움의 대상이기도 하다. 세상과 유일한 연결고리인 차가 다니지 않아 눈 덮인 세계는 막막하다. 눈 덮인 산야가 그렇게 아름답지만 떠들썩하게 눈싸움하는 아이들이나 좋아서 꼬리치며 눈밭을 뒹구는 강아지가 한 마리도 눈에 띄지 않아 사방이 침묵에 잠긴 듯 고요해서 더 적막하다.

전국에 엄청난 눈 피해로 비닐하우스와 축사가 무너지고 큰 나무들이 쓰러지고, 길이 막히고, 집도 여러 채 무너졌으며, 고속도로에서 차가 20여 시간씩 갇혀 고생한다는 소식도 들렸다. 깨끗하게 보이는 눈 속에 그런 무서운 힘이 내재해 있다는 것이 안타깝다.

미국 동북부의 눈 많은 고장에서 두 해 겨울을 보낸 적이 있다. 11월부터 4월까지 눈 속에서 살았다. 미국의 유명한 5대 호수를 끼고 있어 '호수효과' 탓이라 한다. 길 양쪽으로 쌓아놓은 눈이 사람 키를 넘게 많이 왔다. 평생 동안 구경할 눈을 그때 다 한 것 같다. 눈 때문에 군대까지 동원되고, 눈 치우는 비용으로 시의 재정이 바닥났다는 얘기도 들었다. 눈이 많은 고장에서 지낸 두 번의 겨울은 우리나라가 아니어서인지 재미있었고 행복했다.

우리나라는 눈이 조금만 와도 교통 대란이 일어나고 사고도 많이 나며, 눈으로 인해 생기는 부작용이 많지만 그곳은 땅이 평평해서인지 눈의 고장인데도 체인도 없이 차들이 잘도 다녔다. 체인을 하는 것을 길이 망가진다고 당국의 정책으로 금한다고 한다. 눈이 많이 오면 지붕에 올라가 눈을 치우는 구경도 했고, 눈 무게를 견디지 못해 지붕이 무너진 집이 간간이 눈에 뜨이기도 했다.

그곳은 미국의 동북부에 위치하고 있어 눈이 많이 내릴 때는 세상과 완전히 차단되어 움직이는 것이라고는 아무것도 구경할 수 없는 날이 며칠씩 계속되었다. 겨울에는 눈 때문에 며칠 씩 밖에 나가지 못하는 것이 예사인 이 눈의 고장에는 '오두막집에 갇혀서 느끼는 공포'라는 뜻의 'cabin fear'라는 단어가 있을 정도로 눈이 많다.

눈에 덮인 천지가 표현할 수 없이 아름다운데도 세상을 바라보면 텅 빈 듯한 느낌도 함께 받는 것은 무슨 조화인지 모르겠다. 잠시라도 세상과 고리를 끊고, 일상을 멀리 해 놓고 관조해 보며 삶을 되돌아보는 좋은 기회를 가져 보라는 뜻일까. 눈을 바라보는 저마다의 가슴에는 여러 가지 다른 의미의 생각들이 심어질 것이다.

누가 이런 신비로운 색깔을

오랜만에 눈이 펄펄 내려 나무에 만들어지는 눈꽃이 아름답다. 눈을 맞으며 정처 없이 헤매고 싶은 마음이 나를 유혹한다. 눈이 내리는 우중충한 하늘을 닮아 흐려진 마음을 단번에 날려 보낼 아름다운 꽃이나 보러갈까 하고 마음을 정한다.

꽃시장을 옆에 두고 늘 가보아야지 하고 벼르기만 했을 뿐 발길이 잘 가지 않는 곳, 오늘은 큰마음 먹고 눈을 맞으며 눈 속에서도 아름답게 피어 있을 꽃들을 보려고 꽃시장으로 향한다. 화원으로 한 발 들여 놓는 순간 숨이 멎을 만큼 가지각색 빛깔의 꽃들이 반긴다. 아무리 자연이 만든 조화라 해도 이렇게 아름다울 수가 있다는 것이 신비하고 놀랍기만 하다.

찬란하고 황홀하기까지 한 꽃빛깔이 가지각색 물감으로 그림을 그려 넣은 듯 예쁘다. 요즘은 난꽃이 주를 이루고 있다. 진분홍, 주홍, 노랑, 연두, 초록색 꽃까지 그 신비함에 숨도 쉬지 못하고 바라보고 있다. 여름에나 볼 수 있는 갖가지 식물이 가득하고 올망졸망한 작은 키의 선인장들이 머리에 빨갛고 하얀 앙증맞은 꽃을 이고 자리를 잡고 있다.

작은 식물원을 옮겨 놓은 듯 겨울 속에서 감상할 수 있는 신기하게 생긴 열대 식물과 선인장들이 발을 붙잡고 놓아 주지를 않는다. 어쩌다 생기는 열대식물이나 난을 집에서는 아무리 정성을 들여도 꽃도 피우지 못하고 시들시들 말려 버리기 일쑤인데 이곳 꽃 가꾸는 사람들은 무슨 마법의 손을 가졌기에 이렇게 아름다운 꽃을 피워내는지 모르겠다.

넋을 잃고 시간 가는 줄 모르고 구경을 한다. 집 탁자에 저 예쁜 꽃 화분 한 개 갖다 올려놓으면 이 우중충한 겨울의 어두운 마음이 좀 밝아질 것 같아 진분홍의 시클라멘 화분을 하나 샀다. 저녁에 귀가한 식구들이 화사한 꽃을 보고 모두 환호성을 지른다. 작은 꽃 화분 하나가 이렇게 식구들 기분을 전환 시키고 기쁘게 하리라는 생각을 미처 못 했다. 꽃시장에 가서 눈이 지치도록 꽃구경을 하고 온 것이 며칠은 기분을 들뜨게 하고 즐거움을 줄 것이다.

예쁜 꽃 못지않게 눈을 즐겁게 하는 것이 거실에 있는 커다란 어항 속의 열대어다. 하늘하늘 움직이는 수초 사이를 돌아다니는 손톱만한 열대어들은 누가 만든 작품이며 그 색깔은 누가 칠을 했을까. 몸길이가 2~3cm 밖에 되지 않지만, 여러 종류의 열대어가 어우러져 헤엄쳐 다니는 것이 마치 가지각색의 물감을 붓으로 칠한 듯하다.

파란색과 붉은색, 까만색, 흰색 등등 너무 아름다워 눈을 뗄 수가 없다. 새빨간 몸통에 까만 꼬리, 긴 꼬리가 두 갈래로 갈라져 힘차게 물을 가르며 헤엄쳐 다니는 작은 물고기, 빨갛고 하얗고 파랗고, 까만 반점들이 여기저기 박힌 몸에 긴 꼬리를 이리저리 흔들면서 물속을 헤엄쳐 다니는 것을 보고 앉아 있노라면 선경이 따로 없다. 이런 모든 것들이 지구상에서 사라질 날이 올 것 같아 걱정이다. 인간이 내뿜는 공해로 지구의 온도가 자꾸 올라가고 지구의 온도가 3도가 올라가면 지구 위 생물의 50%가 멸종을 한다고 한다. 현재 북극과 남극의 빙산이 녹는 속도를 보면 그럴 날도 멀지 않은 것 같다.

이렇게 우리를 즐겁고 행복하게 해 주는 꽃이나 열대어도 멸종 생물 속에 들어갈 것이고 머지않은 앞날에 그런 아름다운 생물들을 보지 못할 날이 온다니…. 꽃과 열대어를 번갈아 들여다보는데 서늘한 회오리바람이 가슴으로 휘몰아친다.

지구 위에 존재하는 모든 생물들을 보호하고 보존하는 것이 사람들의 몫임을 새삼 깨닫는다. 늘 정신 차리며 보살피고 훼손하지 말아야 할 것이다.

돌확과 청개구리

돌확 속 물옥잠화에 진한 가을 물이 들고 있다. 가을 냄새가 풍기기 시작하면서, 여름내 왕성하게 자라던 그 기세가 조금씩 꺾이더니 지금은 완연히 사그라질 듯 바뀌고 있다.

돌확은 보기만 해도 정겹다. 직사각형과 둥근 모양, 우리 집 돌확처럼 네모반듯한 돌에 가운데를 둥글게 판 것도 있다. 날씨가 풀리는 봄부터 늦가을까지 수생식물을 기르고, 겨울이면 그 안에서 자라던 식물이 얼어 스러진다.

우리 집이 위치한 곳이 절터였는데, 그 절터에는 오랜 세월이 흐른 탓인지 아무 흔적이 없고, 이 돌확만 남았다. 고창 선운사에도 이것과 같은 돌확이 있어 스님께 그 용도를 물어보니 물을 담아 놓고, 손도 씻는 용도로 쓰인다고 했다. 우리 집 돌확을 쓰던 스님들은 어떤 분들이었을까. 돌확은 의구(依舊)한데 사람 냄새는 맡을 수가 없고, 절터에 오직 하나 남은 돌확은 어떤 얘기들을 품고 있을지 볼 때마다 궁금해진다.

돌확을 겨울에 거실에 놓고 식물을 기르면, 습도조절도 되고 좋긴 할 테지만, 덩치 큰 돌이라 무거워서 움직이기 어려워 그냥 화단 한 구석에서 눈과 얼음, 바람과 햇빛만을 담고 쓸쓸히 자리를 지키고 있다. 그래서 절터에 모든 것이 사라졌어도 무겁고 썩지 않는 이 돌확만 남은 것 같다.

초록 색깔이 누런색으로 변해가고 있는 돌확 속의 물옥잠화와 어울려 함께 살던 청개구리 두 마리가 물 밖으로 나와 햇볕을 쪼이며 앉아 있다. 청개구리는 주위 환경에 따라 몸빛깔이 변해서 그런지, 여름에는 초록색이더니 가을이 되니 연둣빛으로 변했다. 손가락 마디만한 놈들이 커다란 눈을 이리저리 굴리며, 웅크리고 있는 모습이 가을이 깊어가고 있는 것을 걱정하고 있는 것 같다.

여름내 물에서 장구벌레와 벗하며 잘 지냈을 텐데, 동면을 할 편안한 곳을 찾아야 하는 어려운 상황에 직면한 저 작은 파충류의 고민하는 모습이 눈에 보이는 것 같아 안쓰럽다. 살아 있는 생명이니 자연의 변화 속에서 늘 시달림을 받지 않을 수가 없다.

엄마 말을 잘 듣지 않는 아이에게 꼭 청개구리 같다는 말을 한다. 모든 일에 엇나가고 거꾸로 가는 아이와 비유를 했다. 왜 이렇게 예쁘고 귀여운 청개구리를 전래동화에서 무엇이든 반대로 하는 심술궂은 개구리로 표현을 했는지 알 수가 없다.

여름이면 눈에 잘 띄지도 않는 작은 청개구리가 나무에서 이리저리 옮겨 다니는 것을 많이 본다. 지구의 파괴와 비례하여 멸종되는 종(種)에 속한 개구리는 아닌지…. 하루 빨리 좋은 안식처 찾아 편안히 동면하고 내년 경칩에 다시 반갑게 만나자고 말을 건네 본다. 내 마음을 알았는지 두 마리가 함께 폴짝 뛰어 다시 물속으로 들어가 헤엄을 친다.

아직은 그래도 헤엄을 칠 수 있는 물과 햇볕이 있고, 먹을 것이 있으니 다행이다. 곧 닥칠 추운 겨울을 그것들도 감지하고 있을까.

청개구리는 겨울을 잘 나고, 봄이 오면 세상으로 나와 돌확에서 새로운 물옥잠화를 만나 세상 구경을 하며, 다시 겨울이 올 때까지 잘 지내는 순환이 계속될 것이다. 혹독한 자연에 적응하며 생명을 이어가는 신비가 모든 생명 앞에 경외심을 갖게 된다.

나는 햇볕이 잘 드는 거실 창가에 앉아 추워지는 날씨에 이렇게 따뜻한 곳에서 지낼 수 있는 것이 얼마나 행복한 일인지, 곧 제 구실을 못하고 쓸쓸하게 비어 있을 돌확과 내년을 기약하며, 겨울잠에 들어야 하는 청개구리를 생각한다.

작은 꽃밭

영하를 밑도는 추위에 게발선인장이 줄기 끝마다 조롱조롱 봉오리를 달고 있다. 활짝 핀 꽃을 보고 싶은 마음이 조급하다. 유리창을 통해 들어오는 따뜻한 햇볕이, 겨울을 편히 지내려고 쉬고 있는 게발선인장을 깨워 꽃 피울 준비를 시켰나 보다.

우리 집 양지 바른 베란다에서 자라는 화초가 스물댓 가지다. 길게는 20여 년이 된 것도 있고, 짧게는 며칠 전에 합류한 것도 있다. 버려진 것이 아까워 들고 온 것과, 이웃에게서 얻은 것, 선물 받은 것, 겨울에만 피는 꽃을 즐기려고 구해 온 것까지 가지각색이다.

우리와 20여 년을 함께한 관음죽은 실내에서 자라는 탓인지 관리하기에 딱 좋은 크기를 잘 유지하고 있다. 사철 꽃을 피우고 있는 색색의 제라늄과 다육식물 몇 종류도 있다. 돌절구와 유리그릇에서 자라고 있는 두어 종류의 수생식물과 서너 종류의 난, 이름이 어려워 외워지지 않는 외래종들이다. 거기에 봄까지 먹으려고 심어 놓은 대파도 싱싱하게 잎을 키우면서 보탬이 되고 있다.

이웃 사람들이 놀러 와서 우리 집 작은 꽃밭을 보고, 어떻게 관리를 했기에 추운 날씨에 이렇게 싱싱한 잎과 꽃을 피우고 있느냐고 놀란다. 내가 그것들에게 해 준 것이라고는 화분의 윗부분이 마른 듯하면 며칠에 한 번씩 물을 주는 것과 봄에 화분갈이를 하면서 비료를 조금씩 넣어 주는 것이다. 늦가을에 겨울을 건강히 나게 하려고 화분 가장자리에 비료를 조금씩 주고 꼭꼭 흙을 눌러 주는 것 밖에는 없다. 베란다가 아니고 밖에 있었다면 모두 추위를 견디지 못하고 얼어 죽을 식물들이다.

특별히 할 일이 없을 때 화분을 바라보면서 시간을 보낸다. 누렇게 변한 잎을 따내고, 시들어가는 꽃을 따 주는 것이 화초를 싱싱하게 보이게 하는 작업이다. 아름다웠던 꽃들이 힘없이 시들어 추해진 것을 만지면서, 살아온 날들과 앞으로 올 나의 모습을 생각하며, 자신을 잘 관리하고 다스려서 황혼의 삶이 추해지지 않도록 해야겠다는 각오와 애정을 가지고 지켜

보는 것을 아는 것 같다. 이렇게 추운 날씨에 파란 잎과 울긋불긋한 꽃을 자랑하는 화초들이 시간 가는 줄 모르게 한다.

어렸을 적부터 내 손에서 자라는 짐승이나 꽃들은 실하게 잘 자란다고 어른들한테 칭찬을 많이 들었었다. 짐승이나 꽃이나 사랑을 주면서, 어루만져 주고 끊임없이 대화를 하면 사는 것이 즐거운가 보다.

꽃의 수는 적고, 파란 잎이 훨씬 무성해 작은 꽃밭이 푸른 빛 일색이라, 며칠 전 겨울 화초인 여러 가지 색의 시클라멘을 보탰고, 크리스마스의 상징인 포인세티아 한 분을 구해다가 화분들 사이에 끼워 놓았더니 작은 꽃밭이 한결 생기가 나고 진초록 잎과 꽃들이 어우러져 조화를 이루고 있다. 거기에 게발선인장까지 진분홍 꽃을 준비하고 있어 더 보기가 좋다.

식물도 생명이 있지만, 들을 수 있는 귀가 있는 것도 아니고, 사람의 마음을 읽을 수 있는 신경이 있는 것도 아닌데, 들이는 정성에 따라 그것들의 삶이 좌우된다.

사람을 키우는 일은 어떨 것인지. 화초를 보고 있으니 아이들 키울 때의 여러 가지 일들이 떠오른다. 온갖 정성을 들여 잘 키운다고 생각했지만 아이들을 보면 늘 미안하다. 모든 여건이 잘 조화를 이루어 잘 자라기에 좋은 환경을 만들어 주는 일이 얼마나 어려운가.

작은 꽃밭 속의 게발선인장이 꽃을 활짝 피우면 꽃밭으로 눈이 많이 가게 되고 화초들과 정이 더 들 것이다. 겨울 추위 속에서도 잘 자라서 마음을 흐뭇하게 해 주는 화초들이 오늘따라 한결 보기가 좋다. 그래서 이 겨울을 포근하게 지낼 수 있을 것 같다.

공작새의 깃털

목이 긴 백자화병에 꽂혀 있는 공작새의 깃털이 아름답다.

마치 공작새의 활짝 핀 모습을 보고 있는 것 같다. 자연의 색이 이렇듯 곱고 예쁜 것에 절로 감탄이 나온다.

얼마 전 홍천에 있는 펜션에 다녀왔다. 2천여 평의 땅에 정착한 지가 6년 밖에 되지 않았다는데 주인의 손길이 가지 않은 곳이 없다. 바라만 보아도 저렇게 구석구석 힘든 일을 어떻게 혼자 했는지 감탄이 절로 나온다.

예쁜 살림집과 이어진 부대 건물들은 주인의 손으로 지었다는데 정말 보기 좋고 땀과 노력이 곳곳에 배어 있어 노고가 눈에 보이는 듯하다. 편히 쉴 수 있는 정자와 적당한 곳에 자리 잡고 있는 나무 등 가만히 앉아 구경만 하고 있어도 주인의 노력이 느껴진다.

기르고 있는 개와 당나귀, 아주 예쁘게 생긴 여러 가지 종류의 새들과 희귀종인 닭들이 눈과 귀를 즐겁게 해 준다. 한 쌍의 공작은 우아한 자태를 뽐내며 손님을 맞고 있다. 그 공작이 낳은 알에서 부화되어 나온 흰 새끼공작 한 쌍은 눈이 부시다. 색깔 있는 공작이 어떻게 하얀 공작새끼를 낳았는지 불가사의다. 흰 공작새는 보통 흔한 색깔의 공작새보다 값이 많이 비싸다고 한다. 돌연변이로 태어난 새끼공작이 더 귀한가 보다. 예쁘게 생긴 여러 종류의 새들도 길러보고 싶은 욕심이 절로 나게 한다. 짐승은 집을 비워야 될 경우 먹이를 한 번 듬뿍 주어 놓으면 저희들이 알아서 먹는데 새는 매일 먹이와 물을 주지 않으면 죽는다니 키울 엄두가 나지 않는다.

주변의 많은 사람들이 노후에 시골에 내려와 살고 싶다고 하지만 신경을 써야 될 일이 여간 많지 않다. 누구나 조용하고 아늑하고 편안한 곳으로의 회귀본능은 가지고 있지만 도회에 살다 시골에 와서 적응하는 일이 보통 힘든 것이 아니라 선불리 결행하기가 쉽지 않다.

여름 장마 동안 두어 달을 입원하고 수술 하느라 농장을 비웠더니 장마통에 풀이 호랑이 새끼 칠 수 있을 만큼 많이도 자랐다. 봄내 애지중지 가꾸어 놓은 꽃밭이 풀에 묻혀 풀 사이에서 가냘프게 피어있는 꽃들이 불쌍해 보인다. 사람의 손이 잠시만 가지 않아도 이렇게 손도 대기 힘들 만큼 모든 작물이 풀에 묻혀 녹는데 나이 들어 시골에서 산다는 것은 의외로 힘든 일이다.

풀 한 포기 없이 말끔하게 손질해 놓고 간 고구마 밭도 풀인지 고구마인지 분간을 못할 정도로 풀 속에 묻혀 가슴을 답답하게 한다. 이렇게 풀이 많이 나 있으니 고구마는 알이 찰는지 모르겠다. 이대로 방치해 두었다가는 곧 폐허가 될 것 같다. 주변을 잘 가꿀 수 있는 힘이 있을 때 시골생활도 좋은 것이지 이렇게 손이 안가 온통 집주변과 농장이 풀 속에 묻혀 있다면 어떻게 시골 생활을 이어갈지 걱정이 태산이다.

홍천의 그 펜션 주인은 아직 젊고 부지런하여 그렇게 잘 가꾸고 꾸려 나갈 수 있는 능력이 보기 좋고 부러웠다.

이렇게 몸이 말을 듣지 않아도 마음만은 손에 넣을 수 있는 아름다운 것들을 가져다 예쁘게 농장을 꾸미고 싶다. 아무리 생각을 하지 않으려 해도 좀 더 나이가 젊었더라면 하는 마음이 아프게 가슴을 파고든다. 자연조건이 좋은 땅을 가지고 있어도 제대로 가꾸지 못하면 그림의 떡일 뿐이다.

시골이 좋아 시골로 내려와 살게 된 경위가 파노라마처럼 스치고 지나간다. 정말 사람의 한 살이는 일장춘몽인가.

홍천에서 얻어온 공작새의 깃털이 많은 얘기를 들려준다.

농막에서의 하루

요즘 꽃이 만발한 철이라 양봉장에 딸린 오래된 농막에서 지내고 있다.

아침 일찍 벌이 일하러 나가기 전, 저녁 늦게 일하고 돌아온 뒤에 벌을 돌보아야 할 일이 많아 농막에서 머무르는 일이 자주 생긴다.

집 주변에 크게 자란 오래된 나무들은 서 있는 그 자리에서 끊임없이 모습을 변화 시키며 얘기를 하는 것처럼 보인다. 동네에서 떨어져 있어 하루 종일 사람구경을 못해도 나무가 친구가 되고 이웃이 된다. 그곳에서 자라는 모든 나무들이 잎이 나고 꽃이 피고 열매를 맺고 생성과 소멸을 반복하면서 계절을 맞는 모습이 즐거움도 쓸쓸함도 가져다준다. 자연으로 불어오는 바람은 얼마나 시원한지 행복하기까지 하다. 이러저런 이유로 농막에 머무르는 것이 즐겁다.

까치가 심어 놓은 씨앗을 다 파먹고, 노루와 산토끼, 멧돼지가 와서 뾰족이 내미는 새싹을 다 따먹어 작물을 죽여도 속이 상하지 않는 것은 자연의 섭리대로 살고 있는 것이 좋아서인지 모른다.

밤새 피를 토할 듯 울어대던 쏙독새의 울음이 잦아들고 이어서 온갖 산새들이 노래를 하기 시작하면 새벽이다. 시끄러운 도심의 소음을 피해 시골을 찾아 온 사람들을 잠들지 못하게 하는 쏙독새의 울음은 시골의 조용한 밤하늘을 무섭게 흔들어댄다. 새벽 동트는 것과 함께 고라니도 짝을 찾으며 소리를 지르기 시작한다.

밤에 우는 새, 새벽에 우는 새, 낮에 우는 새, 모두 시간과 영역과 울음소리가 다르다. 그들이 살아가는 형태도 가지각색일 것이다. 고라니, 산토끼, 새끼 멧돼지 같은 산짐승이 언뜻언뜻 눈에 띄지만 사람 기척만 나면 어디에 숨는지 그림자도 보이지 않는다. 꿩과 산비둘기는 대낮에도 겁 없이 돌아다녀 심심치 않게 벗 삼아 살고 있다.

집 앞 나무 밑에 커다란 항아리를 엎어 놓고 그 위에 겨우내 새 먹이를 얹어 놓았었다. 곤줄박이, 굴뚝새, 박새, 온갖 작은 새들이 와서 먹고 놀다 가서 눈과 귀를 즐겁게 했다. 어느 날 까치 한 마리가 오기 시작하더니 새들의 먹이가 순식간에 없어지고 작은 새들은 얼씬도 하지 않는다. 까치를 멀리 쫓아 버리고 오지 못하게 할 수 있다면 얼마나 좋을까 하고 속을 끓인다. 여러 가지 씨앗 모종 부어 놓은 것도 다 파 먹어버려 까치에 대한 미움이 더해 간다.

겨우내 손을 대지 않았던 창고 정리를 하느라 무심코 새집을 건드려 꼭 새끼 손톱만한 알이 세 개가 굴러 떨어져 깨졌다. 어찌나 마음이 아픈지 깨진 알을 한참이나 들여다보았다. 어미가 와서 보면 얼마나 안타깝고 놀랄지 미안해서 잘못했다는 말을 자꾸만 했지만 돌이킬 수 없는 일을 어쩌랴.

주변에 많이 피어있는 꽃으로 인해 제법 벌집에 꿀이 찼다. 쥐가 꿀을 훔쳐 가려고 호시탐탐 노리고 있어 집에서 기르는 고양이를 농막에 갖다 놓았다. 집 주위를 눈에 익히게 하려고 매어 놓았더니 낮에는 사람이 있어 얼씬도 못하던 커다란 검은 도둑고양이가 밤이 되면 제 영역이라 그러는지 매어놓은 우리 고양이에게 와서 큰소리로 싸우러 덤비고 못살게 굴어 할 수 없이 집안에 들여 놓고 잠을 재웠다. 사람이나 짐승이나 제 몫 챙기느라 혈안인 것은 똑 같다.

늙어서 제 맡은 일을 끝내고 수명을 다 한 벌을 경비 벌들이 벌집 입구에 끌어내다 버린다. 다람쥐 한 마리가 죽은 벌을 먹으려고 벌집 근처에서 산다. 귀여워서 함께 놀고 싶은데 사람만 보면 달아나느라 바쁘다. 멀리서 보면 벌을 열심히 물어 가다가도 사람이 얼씬하면 도망을 가서 될 수 있으면 발자국 소리를 내지 않으려고 하지만 귀가 꽤 밝은 다람쥐인 것 같다.

집 주변에는 온갖 잡초들이 종족을 퍼트리려고 애를 쓰는데 사람은 그것을 없애지 못해 안달이다. 벌에게는 농약이 금물이라 우리 집은 농약은 절대로 쓸 수가 없다. 그래서 잡초를 손으로 뽑아 없애는 잡초와의 싸움은 끝이 없다.

잔디밭을 매면서 눈에 잘 띄지도 않는 잡꽃들이 눈을 떼지 못할 만큼 아름다워 뽑을 수가 없다. 꽃이 너무 예뻐 잔디밭이야 잡초 밭이 되든 말든 손을 대지 않고 감상을 하는 재미도 여간 좋은 것이 아니다.

잡초가 피워내는 아름다운 꽃을 보며 나도 모르게 오묘한 세상 이치에 대해 깊은 생각을 하게 된다. 이 세상 모든 만물은 창조주가 만든 것일까. 자연히 진화해서 만들어진 것일까, 한참을 여러 가지 생각에 빠지기도 한다.

이렇게 자연에서 이루어지는 일을 접하면서 농막의 하루는 저물어 간다.

춤추는 불꽃

활활 타오르는 불꽃을 바라본다.

불꽃이 너울거리는 모습은 어느 무용수의 몸짓보다 현란하다. 홀로 피어나기도 하고, 군무(群舞)를 이루며 파도처럼 휘몰아치기도 하고, 붉은 정열을 속에 간직한 채 사그라지기도 한다. 수시로 변하는 불꽃의 모양은 들여다볼수록 새롭다. 소리는 없어도 수백 가지의 언어로 마음속에 새겨진다.

산에 오르다 보면 죽어 있는 나무들이 눈에 많이 띈다. 오래된 나무의 육중한 몸이 어린 나무들 위에 쓰러져 있다. 커다란 나무에게 짓눌려 숨도 못 쉬고 있는 나무를 볼 때마다 어린 나무의 신음소리가 들리는 것 같아 죽은 나무를 치워주어야겠다는 생각이 든다.

여리지만 황홀하도록 예쁜 연두색의 새싹이 돋아나는 산 구경도 할 겸 나무를 하러 산을 오른다. 살아 있는 생명을 보살펴 준다는 마음으로 죽은 나무를 들어낸다. 난로의 땔감으로 쓰려고 집으로 끌고 온 죽은 나무를 톱으로 자르고 도끼로 빠갠다. 죽은 나무들 틈에서 곤충의 번데기와 벌레들이 기어 나오는 것을 본다.

나무껍질에는 새들이 부리로 쪼아댄 자국이 수도 없이 찍혀 있다. 죽은 나무를 치우는 일이 산 나무의 숨통을 트여 줄 수 있지만, 벌레에게는 서식지를 없애고 새들에게는 먹이를 빼앗는 일이다. 벌레가 번식할 터전을 없애면 새들의 먹이도 그만큼 줄어든다.

산 나무와 죽은 나무 사이에 희비가 엇갈리는 일이니, 산 나무를 위해 죽은 나무를 해온다 해도 마음이 편하지만은 않다. 나무가 생명을 다하여 쓰러지면 그대로 자연스럽게 썩도록 내버려두는 것이 생태계를 위해 더 바람직한 일이 아닐까 하는 생각도 든다.

10여 년 넘게 자란 밤나무도 여기저기 쓰러져 있다. 밤을 따려고 톱을 가지고 다니면서 밤나무를 자르는 사람들의 얘기는 들었지만, 톱지국이 난 밤나무를 보면 분노가 인다.

헐벗었던 산이, 연탄과 석유, 가스로 연료가 대체되면서 나무와 풀이 무성한 산으로 바뀌어 보기만 해도 마음이 풍성하지만, 불안한 세계정세로 다시 나무가 땔감으로 바뀌어 애써 가꾼 산이 다시 헐벗지 않을까 걱정이다.

몇몇 나라에서 생산되는 석유와 가스로 온 세계가 움직이고 있는데, 앞으로 몇십 년이면 석유와 가스가 고갈된다니 에너지원이 다시 나무로 대체되지는 않을는지. 세계 도처에서 화전을 일구고 농경지를 만들며, 인간의 욕망을 위해 숲을 다 파헤치고, 나무를 땔감으로까지 쓴다면, 헐벗게 될 산이 우리에게 가져다 줄 재앙을 떠올리는 것만으로도 두려움이 앞선다.

살아 있는 나무에 움직이는 생명들이 활기차게 깃들고, 죽은 나무에도 의지하며 살아가는 여러 생명들이 둥지를 튼다. 나무가 우리에게 주는 값진 혜택을 어찌 다 헤아릴 수 있을까.

산에서 나무를 하고 있으면 지나가던 동네 사람이 보고 "사다가 때면 시간과 품도 덜 들고 편할 텐데, 왜 고생을 하면서 나무를 하느냐"고 한마디씩 한다. 죽은 나무가 치워지면 산이 깨끗해지고, 땀 흘려 나무를 해다 때는 재미를 경험해 보지 않고 어떻게 이해를 할 것인가.

집안을 데우기 위해, 난로에서 타오르는 불꽃을 즐기기 위해, 산 나무를 편안하게 해주고 산이 깨끗해진다는 핑계로 죽은 나무에 의지해서 살고 있는 생명들에게 대한 미안함을 마음속에 접어 두고 오늘도 죽은 나무를 끌어오려고 산을 오른다.

얼기설기 쌓아 놓은 장작더미에 힘 좋은 불쏘시개로 불을 붙이면 불길이 단번에 솟구쳐 오르지만, 시원치 않은 불쏘시개로 불을 붙이면 불꽃이 잘 일지 않는다. 시작과 바탕이 중요하다는 사실을 난로에 불을 붙일 때마다 실감한다.

화력이 좋고 불이 오래가는 참나무, 요란한 소리를 내면서 타지만 불꽃이 많이 튀어 좋은 땔감이 못 되는 아까시나무, 향긋한 솔냄새를 풍기며 타지만 그을음이 많이 나는 소나무와 잣나무, 밤나무는 탈 때 머리가 아프니 소금을 뿌려준다. 나무의 종류가 다르니 타는 모양도 가지각색이다.

난로 앞에 앉아 수시로 변하는 불꽃의 연출을 하루 종일 보고 있어도 심심하지가 않다. 불꽃은 추위를 몰아내어 따뜻함을 가져다주고, 밝음을 주기도 하지만 나무가 자신을 불사르며 내는 난무하는 불꽃은 수백 가지의 언어를 가슴속에 남기면서 살아 있음을 기쁘게 한다.

전원주택

상상 속에서의 세상은 현실의 세상과는 전혀 다르다. 농가 주택에서 이루어지는 삶이나 주변 환경은 사진으로만 보면 환상적일 만큼 아름답다. 글이나 사진은 지저분하거나 힘든 것이 가려지고 아름다움만 표현되는 것 같다. 사진이나 글로 아름답게 표현된 전원주택은 도시에 사는 사람들에게는 향수와 환상을 함께 불러다 준다.

"나이 들어 도시에서 할 일이 마땅치 않으니, 시골에 가서 전원주택을 마련해 놓고 농사나 짓고 살까."

나이 들어가는 사람들로부터 흔히 듣는 말이다. 맑은 공기와 깨끗한 물, 밝은 햇빛, 한적한 생활, 아름다운 자연, 이런 것들은 누구나 즐기고 싶은 생활환경이다. 누구든 자식들을 다 키우고 열심히 살고 난 후의 말년은 전원에서 한가롭게 살고 싶은 것이 희망이다. '전원주택'이라는 단어에는 즐거움과 꿈, 여유가 담겨 있지만 산다는 것은 어디에서나 힘들기는 똑같다. 나이 들어 힘이 부칠 때 어떻게 시골에서 힘든 농사일을 하면서 살 것인지 경험을 하지 않으면 아무도 알 수가 없다.

전원주택에 사는 일이 좋은 점도 많지만 생각과 현실은 언제나 같지 않다. 불편한 교통과 장보기, 문화의 혜택이 부족한 것, 쉴 새 없이 이어지는 노동, 끊임없이 돋아 나오는 잡풀 뽑기, 여름이면 극성을 부리는 곤충들, 그 외에 생각보다 많은 어려운 일들이 일어나고 있어 살기가 힘들다.

뒷산으로 올라가는 산책길 옆에는 몇 년 전에 산을 깎아 돌 축대를 높이 쌓아서 전원주택지를 십여 군데 만들어 놓은 곳이 있다. 아름다운 야산에 만든 주택지가 길에서 많이 떨어진 산 속이라 그런지 택지를 조성한 지 몇 년이 지났는데도 아직 팔렸다는 소문을 듣지 못했다.

뒷산 등산로를 따라 산책을 가려면 그 택지가 못내 눈에 거슬린다. 아무리 조건을 따져 보아도 그곳에 와서 살만한 사람이 있을지 의문이다. 젊은 사람들은 시골생활이 불편하기도 하겠지만 아이들 교육 때문이라도 들어와 살기가 어렵다. 나이든 사람은 시장과 병원이 멀고, 차가 없으면 생활을 하는데 필요한 물건을 조달하기가 어렵다.

어렸을 때는 산이 국토의 70%나 되고 농토가 적어서 우리 국민이 이렇게 힘이 없고 못사나 싶어, 산을 모두 뭉개서 논밭을 만든다면 좋겠다는 생각을 했다. 모든 야산만이라도 농지를 만든다면 가난한 사람이 다 없어질 것 같았다. 바닷물이 들어오는 것을 막고, 갯벌을 메워 우리나라의 지도가 좀 더 넓게 바뀌는 것이 바람직한 일이라고 생각했다. 나이 들어 세상에 대한 눈이 조금은 떠지고 자연은 자연대로 보존을 해야 되는 이치를 깨달으면서 자연에 손을 대는 것에 거부감이 인다. 이제는 어렸을 때 생각하던 대로 산도 마음대로 깎아서 사람들이 편하게 활동할 수 있도록 되고, 갯벌도 마음대로 막는 재주가 생겨 좋아져야 할 텐데 생태계의 파괴가 무섭게 다가오니 그 행위가 더 잘못된 것임을 안다.

동네 주변에 생기는 골프장 때문에 넓은 면적의 산이 헐벗고, 보기 흉한 몰골로 눈에 들어오는 것이 괴롭다. 몇몇 사람의 이기심 때문에 산이 무너져 내리고 있는 것이 얼마나 많은 생물들에게 피해를 주고, 샘의 줄기를 막고, 바람과 구름, 햇빛까지도 노하게 하여 재앙을 가져오는지 이제야 깨닫게 된다.

골프장이 생기니 인근 농가가 음식점으로 변하고, 농사짓던 사람들이 장사하는 사람들로 바뀌면서 인심도 같이 바뀌어 가고 있다. 사람이 모이니 퇴폐적인 시설도 늘어나고 바람직하지 않은 쪽으로의 변화에 씁쓸한 생각이 든다. 깊은 산 속 아무도 들어가지 않을 것 같은 인적이 없는 곳에도 커다란 펜션이 세워지고 이제는 사람의 발길이 닿지 않는 땅을 볼 수가 없을 만큼 집들이 들어서고 있다. 땅이 자꾸 덮여 가니 보기만 해도 숨이 막히는 것 같다. 인구가 늘어 이런 상태가 끊이지 않고 지속되어 땅을 덮어 땅이 숨 쉴 틈을 모두 없애 버려서 이 대로 나가다가는 지구가 폭발할 때가 올지도 모른다는 중압감에 두려움까지 인다.

발전을 한다는 의미에서는 바람직할는지 모르지만 자연이 훼손되어 가는 것은 생각해 볼 문제다. 요즘 도시인근 시골에는 고층 아파트가 들어서 시야가 가려져서 산을 보기가 어렵다. 차를 타고 지나다니며 즐기던 경치를 고층아파트가 차단하여 즐거움을 잃게 되어 사는 일이 점점 재미가 없어진다. 도시가 분주하고 복잡한데도 삭막하게 느껴지는 것은 나이 들어 은퇴한 후 딱히 할 일이 없어져서 노후를 보내기가 힘들어서일 것이다. 전원생활에서는 생명이 움트는 환희를 보며, 손수 가꾸는 식물이 자라고 열매를 맺는 즐거움, 맑은 공기와 햇빛, 바람과 흙이 전해주는 신선한 메시지들을 감지하며, 자연과 벗하고 사계의 변화를 즐길 수 있는 생활이 있어 활력이 생긴다.

한편으로 누구나 꿈꾸는 전원주택이란 것이 논밭과 산을 침식해서 농토를 줄어들게 하고 동식물의 서식지를 빼앗는 것이 문제가 되고 있다. 도시사람들은 전원주택에 사는 것에 행복하리라는 막연한 기대를 가지고 있지만, 농사를 지어도 씨앗값도 안 나오고 힘들며 교통이나 문화적으로 열악한 환경에 실망을 할 때도 많다.

누구나 꿈과 희망을 가지고 사는 것은 바람직한 일이다. 꿈이 없다면 삭막한 사막을 걷는 것과 다르지 않다. 어느 정도 일생 중에서 할 일이 끝났다고 생각되어질 때 전원생활을 생각해 보는 것이 제2의 인생을 시작해 보는 도약이라 할 수도 있으니 필요하다는 생각은 든다.

전원주택에서의 삶은 환상만 가지고는 안 된다. 깊이 생각해 보고 여러 가지 이유에서 바람직하다는 결론이 났을 때 선택을 하는 것이 지혜로운 일일 것이다.

땔나무 이야기

숲 가운데 서서 큰 호흡을 하며 나무의 향기를 깊이 마신다. 산의 향기는 살아 온 추억과 함께 언제나 산다는 것에 감사함을 불어넣어 준다. 숲은 하늘의 별만큼이나 많은 생물을 품어 안고 있다. 산에서는 눈에 뜨이는 모든 것이 쉴 새 없이 재미있는 시간을 보낼 수 있게 해 준다. 누가 심지도 않았는데 나무와 풀들이 온 산을 덮고 있다. 하늘을 찌를 듯 높은 나무도 있고, 발밑에 붙어 눈을 크게 뜨고 보지 않으면 눈에 들어오지도 않는 작은 풀꽃도 있다. 사철 완벽하게 변하는 산의 모습이 산을 보러 오는 큰 이유이다.

산에 오면 큰 나무도 어루만지고, 작은 나무도 쓰다듬어 주며, 큰 나무에 치어 자라지 못하는 어린 나무를 잘 자라도록 보살펴 준다. 두 나무가 한 구덩이에서 자라고 있으면 한 나무라도 숨을 잘 쉴 수 있도록 손을 보아주기도 한다.

산을 돌아다니다 보면 쓰러진 나무가 많이 눈에 띈다. 여름비에 땅이 물기를 잔뜩 머금고 있는데, 폭풍이 몰아닥치면 나무의 무게가 뿌리를 지탱하지 못하고 넘어지나 보다. 아무리 굳게 서 있는 나무도 모진 비바람을 피하기 힘 드는지 20년, 30년 자란 나무들이 넘어져 있다. 쓰러져 생명을 잃은 나무는 세월이 많이 지나면 썩어 거름이 되겠지만 나무 밑에 깔려 안간힘을 쓰고 있는 작은 나무들이 안쓰러워 큰 나무를 치워 주고 싶은 생각이 저절로 난다.

주변을 훑어봐서 썩으면 거름이 될 수 있는 나무는 옆에 나무가 잘 자라도록 치워주고, 쓰러진 상태에서 다른 나무에 짐이 되어 방해가 될 것 같은 나무는 골라서 난로에 때려고 끌어온다. 굵거나 다루기 힘든 나무는 톱으로 토막을 내어 가져오기 편하게 자르고, 가는 나무는 끈에 매어 그대로 끌고 온다. 그 나무를 톱으로 자르면서 나이테를 세어 보면, 아무리 가느다란 나무라도 작게는 십 년에서 좀 굵은 나무는 보통 20년은 자란 나무들이다. 그 긴 세월 동안 주변에서 일어나는 모든 일들을 묵묵히 감싸 안고 힘겹게 자랐을 텐데 자연의 조화를 이기지 못하고 쓰러져 생명을 잃은 것이 아깝다는 생각이 절로 든다. 쓰러진 나무를 집으로 끌어오느라 힘들어도, 톱으로 자르고 도끼로 패서 차곡차곡 쌓아 놓고 난 후의 그 흐뭇함은 끌어 올 때의 힘들었던 일들을 다 잊게 한다.

난로에 넣고 불을 붙이면 오랫동안 생명을 부지하고 있었던 나무라도 금방 타서 없어지는 것을 보고, 긴 세월이 그렇게 순식간에 사라지는 것 같아 허망한 생각에 마음이 싸해진다.

나에게는 6·25전쟁 후 산이 헐벗어 걱정하던 시절을 살아 온 기억이 남아 있어 지금 풍성하게 자라는 나무를 보면 마음도 덩달아 풍성해진다. 겨울이면 집안의 남자들은 먼 산으로 나무를 하러 새벽에 떠나서 저녁 어스름에 나무 한 짐을 지고 돌아 왔다. 그렇게 나무 광을 채워도 여러 개 있는 방을 다 데우려면 언제나 따뜻하게 살기는 힘들었다. 장작이라도 한 마차 사 들이는 날은 집안에 잔치가 벌어지는 듯했다. 연탄이 나오기 전까지는 나무에 대한 갈증이 심했다. 그 시절 겨울을 나기 위해 연탄을 수백 장씩 들여 놓는 것도 하루 종일 걸리는 큰일이었다. 지금은 농촌에서도 심야전기로 싼값에 방을 덥게 하고, 가스로 취사를 해결하니 살기가 편해진 것은 말할 것도 없고, 산에 나무가 무성하게 자라게 된 것이 무엇보다 좋다.

저녁 어둠이 내려앉을 때, 집으로 가는 길가의 마을들에서 피어오르는 연기는 먼 옛날에 있었던 일들에 대한 향수 속으로 이끌어 간다. 벽난로에서 피어오르는 연기는 온 가족이 난로 가에 둘러앉아 즐기는 영상이 떠올라 따뜻한 기운이 온몸에 스며들게 하면서 미소가 떠오른다.

난로 앞에 앉아 타오르는 불꽃을 보고 있으면 세상만사 번잡한 일들이 모두 불꽃에 묻혀 버리고, 생각은 온통 아름다운 상상의 날개 속으로 들어간다. 불꽃의 아름다움을 깨닫는 순간이기도 하다. 난로에서 고구마가 익는 구수한 냄새는 행복감마저 가져다준다. 난로의 불꽃을 바라보면서 눈 오는 창밖까지 내다 볼 수 있다면 금상첨화다. 죽은 나무 끌어다 장작을 만들어 놓고 난로를 때니 따뜻함과 낭만이 함께 어우러져 살맛이 난다.

겨울에 유럽의 시골을 지나면서 집집마다 벽에 쌓아놓은 장작이 예술품보다 더 아름답게 느껴졌었다. 장작 쌓아 놓은 것만 보고도 그들이 얼마나 풍요로운 삶을 살고 있는지 하는 생각을 했다. 그것이 부러웠었는데 이제 우리도 장작을 쌓아 놓고, 눈이 많이 와도 추운 날씨가 닥쳐도 난로를 피워놓고 온갖 이야기를 연출해 내고 있는 불꽃을 바라보면서 겨울을 즐길 수 있는 것이 행복하다.

땔나무에 대한 많은 추억들이 다 아름다운 것은 아니지만 난로를 피우면서 이렇게 따뜻하게 살고 있는 현실이 믿기지 않을 정도로 풍요로운 것은 누구의 덕인지 마음을 기울여 본다.

4.

꿀벌과 함께하며

꿀농사

꿀농사를 시작한 지 벌써 십년이 넘었다.

처음 세 통으로 시작한 것이 지금은 오십 통 가까이 된다. 그동안에 경험 부족으로 벌을 전멸시킨 일이 여러 번이다. 모든 농사가 다 어렵지만 벌은 수많은 생명이 함께 사는 것이라 다루는 데 더 많은 신경이 쓰인다. 경험과 시간이 쌓여 갈수록 점점 어려워지는 농사가 벌 키우는 일이라는 생각이다.

꿀벌은 팔만 년 전부터 식물에서 꿀을 얻고, 꽃가루받이를 도와 왔다고 한다. 그 긴 세월 잘 살아온 벌들이 요즘 갑자기 심해지는 지구의 온난화 현상으로 날이 갈수록 기후가 이상해져서 그런지 밀원이 되는 나무의 꽃들도 이상하게 변해 가고 있어 벌 농가의 가슴을 태운다.

어느 해는 모든 꽃들이 향도 좋고 꿀도 많이 내놓아 풍년으로 꿀농사가 큰 보람이기도 하다. 또 어느 해는 아까시 꽃 필 무렵에 날씨가 춥고, 비가 많이 와서 양봉농가에 큰 타격을 주기도 하고, 아까시 꽃이 예년에 비해 송이의 크기가 반밖에 되지 않고 꿀 생성이 줄어들어 꿀이 나오지 않는 해도 있다. 꽃이 질 시기가 지나도 꽃잎이 떨어지지를 않고 그대로 나무에서 말라버리는 기현상을 보이기도 한다. 자연이 하는 일은 모두 불가항력이니 그저 애만 태우면서 기후가 좋아 꿀농사가 잘 되기만 빌 뿐이다.

남쪽으로 아까시 꽃을 따라 이동했던 대봉가(벌을 200통 이상 키우는 양봉농가)들이 꿀을 많이 떴다고 하면 나까지 마음이 뿌듯하다. 반면 꿀은커녕 벌에게 먹이를 주어야 할 정도로 꿀 구경도 못하고 올라왔다는 얘기를 들으면 내 일인 듯 가슴이 아프다. 중부지방에서 채밀을 하고, 휴전선 근방으로 아까시아 꽃을 따라 올라 가려던 사람도 그 지방을 답사하고 와서 북쪽으로 이동하는 비용도 나올 것 같지 않다고 포기하는 것도 보았다.

해마다 채밀하는 양이 기후에 따라서 다르고 향과 맛도, 나오는 양도 달라서 희비가 엇갈린다. 꿀 풍년으로 1년 내내 풍족한 꿀맛을 보기도 하고, 심한 흉작으로 생업으로 하는 양봉농가에서 목숨을 끊는 일도 생긴다. 꿀이 많이 나오는 해는 어떤 꽃에서든 꿀이 넘치고, 꿀이 나오지 않는 해는 어떤 꽃에서도 꿀이 없다. 기후가 조절하는 조화다.

수리시설이 발달하지 않았을 때 하늘만 바라보던 벼농사가 지금은 모심는 철이 되면 비가 오지 않아도 논마다 물이 넘실댄다. 전천후 농사의 승리다. 논에 가득찬 물을 보면 벌농사도 기후와 관계없이 지을 수 없을까 하는 생각이 들며 부럽기까지 하다. 벌농사는 순전히 자연에 의지해서만 이루어지고 다른 방도가 없다. 장마철에 벼는 비를 맞으며 춤을 추지만, 벌은 비가 오면 집안에서 나오지도 못한다. 벌이 비를 맞으면 죽기 때문이다. 물속에서 자라는 벼와 물을 제일 무서워하는 벌, 같은 기후라도 작용하는 것이 이렇게 달라 벌농사는 신경도 많이 쓰이고 관리하기가 힘들다. 꿀 뜰 철이면 매일 하늘을 바라보고, 하루 종일 라디오의 일기예보를 듣는 것으로 그날 벌 일에 대해 점을 친다.

벼는 주인의 발자국 소리를 들으면 잘 자란다는데, 생명이 있는 벌도 주인의 손이 많이 가야 한다. 주인의 눈이나 손길이 많이 가면 그 정성을 아는지 잘되는 것이 눈에 보인다.

미국에서 꿀을 따러 집을 나갔던 벌이 사라져 돌아오지 않는 현상이 일어나고 있다는 뉴스가 가슴을 덜컹하게 만들더니 유럽까지 그 현상이 퍼져 가고 있다고 한다. 휴대폰의 전자파로 벌이 신경계통의 이상을 일으켜 집을 찾지 못하는 기현상이 일어나고 있다는 연구결과가 나왔다. 우리나라에서도 휴대폰의 영향이 곧 미치는 결과가 올 것이고 양봉농가의 앞날이 어떻게 될는지 걱정이다.

농약 때문에 벌이 농약중독으로 많이 죽기도 하니 언제나 벌 농가는 가슴을 조여야 한다.

해마다 초봄, 벌일을 시작할 때마다 금년에는 기후가 잘 도와주어서 벌이 꿀을 많이 채취해 올 수 있기를 설레는 마음으로 기대를 한다.

정리채밀

일찍 피는 꽃들이 거의 지고 있으니 정리채밀을 할 시기가 되었다.

겨울 동안 추위를 견디려고 똘똘 뭉쳐있던 벌들이 날씨가 풀리면서 슬슬 활동을 하기 시작한다. 겨울에 혹시 꿀이 없어 굶을지 몰라 넣어준 설탕이 남아 있을지도 모르니 깨끗이 벌통을 청소하려고 정리채밀을 한다.

순수한 아까시 꿀을 본격적으로 뜨기 위해 정리채밀을 하면서 벌통 안의 여러 가지 상태를 점검한다. 여왕의 유무와 건강상태, 알을 많이 잘 낳고 있는지 일벌들은 튼튼한지 수벌은 얼마나 있는지, 낡은 소비는 새것으로 갈아주고 벌통 안에서 벌어지고 있는 모든 상황을 살핀다.

채밀을 하려고 새벽 동이 트기 전에 벌에 쏘이지 않도록 단단히 준비를 하고 양봉장으로 향한다. 우선 칼을 삶기 위해(꿀을 저장하느라 밀랍으로 덮은 것을 자르기 위한 것) 물부터 끓이고, 날아오르는 벌을 단속하기 위해 훈연기에 쑥을 넣고 불을 피운다.

꿀을 많이 뜰 때는 사람을 구해서 일을 하지만 정리채밀을 할 때는 꿀의 양이 적으니 남편과 둘이서 일을 한다.

우선 쑥 연기를 뿜어 벌들을 제압한 뒤 남편이 벌집을 들어 벌을 대충 벌집 안으로 털고 넘겨주면 탈봉기에 넣어 나머지 벌을 말끔히 털어 낸 다음 소비를 수레에 차곡차곡 싣는다. 연기를 쏘여 잠시 통 밑으로 내려갔던 벌들이 금방 정신을 차리고 날아오르기 때문에 소비의 벌을 터는 동안은 계속 연기를 뿜어 주면서 조수 노릇을 잘 해야지 벌일 하기가 수월하다. 벌을 돌보는 다른 일도 그렇지만 꿀을 뜨는 일은 혼자서는 할 수가 없다. 우리는 벌통의 수가 많지 않으니 서너 명이 할 수 있지만 2백통 이상의 대봉가들은 대여섯 명이 함께 일을 한다.

벌 일을 하는데 사람 구하기가 어려워 지금은 외국인들을 많이 쓰고 있다. 외국인 중에도 그나마 젊은 사람들은 없고 나이 든 사람만 일을 하러 온다. 구인광고를 내면 찾아오는 사람 열에 아홉은 시골인데다 인터넷도 되지 않고 일요일도 쉬지 못하는 힘든 일이라고 그냥 가버린다. 벌은 일요일도 없이 쉬지 않으니 사람도 쉴 수가 없다. 일을 하러 온 외국인들이 일을 골라가면서 하는 것을 보면 일거리 구하기가 어렵지 않은 것 같다. 우리는 이웃동네에서 벌을 기르는 사람과 품앗이를 하는 경우가 많다.

양봉장에서 채밀장까지 소비를 옮겨 채밀기에 넣고 스위치를 넣으면 자동으로 기계가 돌아가 꿀이 잘 빠진다. 전에 탈봉기가 없을 때는 벌을 완전히 털어내지 못해 채밀을 하면서 벌을 많이 죽였는데 요즘은 탈봉기 덕으로 죽는 벌이 없어 마음도 한결 가볍고, 채밀하기도 수월하다.

정리채밀을 하는 꿀은 1년 간 양념으로 쓰든지, 집에 있는 매화나무에서 딴 매실로 매실청을 담그기도 한다. 순수한 꿀은 아까워서 양념이나 효소 만드는데 마음 놓고 쓰기가 쉽지 않다.

채밀이 끝나고 갈색을 띤 맑은 꿀을 보면 정말 신비하고 흐뭇하며, 어느 것과도 비교할 수 없을 만큼 맛이 있다. 나이가 드니 벌농사가 힘에 부쳐 그만 두고 싶어도 이 달콤한 맛에 쉽게 일을 놓을 수가 없다.

벌 일은 벌통 하나 들 수 있는 힘만 있다면 할 수 있다니 움직일 수 있을 때까지는 해야 하지 않을까 생각한다. 시골에 살면서 일을 하니 이만큼의 건강이라도 유지하고 있는 것이라 감사하고 있다. 꿀은 신이 우리에게 준 완전식품이라고 한다. 더 좋은 꿀을 뜨기 위해 오늘도 열심히 하루를 보내고 있다.

벌꿀 뜨는 날

봄을 맞아, 아까시꽃이 피고 향기가 진동하면 벌통에 모아진 꿀을 채취하기 위해 우리 집은 눈코 뜰 새 없이 분주해진다.

벌에 쏘이지 않으려고 화학섬유로 된 옷을 두 겹씩 끼어입고 머리에 망을 쓰고 단단히 중무장을 했는데도 벌통을 열자마자 벌이 어느 틈에 파고들어 얼굴과 목, 귀, 여러 군데를 쏘았다. 벌침이 들어가는 순간의 그 공포와 따가움은 상상을 초월한다. 벌에 쏘이면 가렵고 아픈 증상이 일주일도 더 간다. 얼굴에 독침을 놓았으니 퉁퉁 부어 앞이 잘 보이지 않아 꿀도 뜨지 못할 뻔했다. 한 번 쏘고 나면 생명을 다 하는데도 꿀을 빼앗기지 않으려고 끈질기게 달라붙어 끝까지 따라 다니면서 기어이 쏘고 죽음을 맞이한다.

벌통 앞에서 꿀이 가득 차 있는 벌집을 보면, 아까시나무에게 고마움이 인다. 자연이 만들어 낸 기분 좋은 향은 꿀을 뜨는 작업이 중노동인데도 힘든 줄을 모르게 한다.

십여 년 전, 처음 벌을 키우기 시작했을 때는 모든 것이 서툴러 시행착오를 많이 했다. 채밀기도 수동을 써서 꿀을 뜨고 나면 벌도 많이 죽고, 벌집에서 알도 많이 빠져나와 손실이 많았다. 꿀을 뜨려고 수천 마리가 붙어 있는 벌집을 두 손으로 들어 털어 내려면 두 팔의 고통이 이만저만이 아니었다.

이제는 전동채밀기와 탈봉기(벌집에서 벌을 털어내는 기계) 등 일하기에 편리한 기구가 많이 나와 꿀을 뜨기가 한결 수월해졌고, 벌의 손실도 극소화 되었다. 소규모의 벌농사라도 나이 들면서 힘에 부쳐 편리한 기계나 기구가 나오면 무리해서라도 구입을 하게 된다.

벌통을 열면 한꺼번에 날아오르는 벌들을 잠재우기 위해 마른 쑥 연기를 뿜어야 한다. 꿀을 빼앗기지 않으려고 기승을 부리던 벌들도 쑥 연기에 잠시 마비가 되어 모두 벌통 밑으로 내려가 숨을 죽인다.

벌통 안에서 기어 다니는 수벌을 눈에 띄는 대로 잡아낸다. 수벌은 암벌보다 몸통도, 유충도 크기 때문에 눈에 잘 들어와 없애기가 수월하다. 수벌은 삼사월 교미기가 끝나면 무위도식하면서 꿀만 축내므로 벌의 세계에서는 필요 없는 존재로 도태의 대상이다.

벌에도 레디휘스트가 적용되는지 깨끗한 새 소비(벌집)에는 암벌 알을 낳고, 오래되어 지저분해진 소비에는 수벌 알을 낳는다. 유모 벌들이 보살피기가 좋아서인지 암벌 알은 소비의 가운데에 낳고, 수벌 알은 가에 낳는다.

요즘 같은 꿀이 많이 나는 계절에는 분봉(새 여왕벌이 태어나면 한 무리의 벌이 반으로 갈라져 다른 보금자리를 만드는 현상)을 해서 개체수를 늘리느라 왕대(여왕벌이 될 알을 기르는 곳, 손가락 한마디만한 크기의 조롱박처럼 생긴 것)를 벌집 가에 조롱조롱 여러 개 달아놓고 로열젤리를 먹이며 여왕벌을 키운다. 새 여왕벌이 나오면 구 여왕벌이 가족의 반을 데리고 집을 나가 다른 곳에 자리를 잡는다. 분봉을 해 나가면 양봉농가는 손해가 크므로 새 여왕벌이 나오지 못하도록 왕대도 모두 없애야 한다. 어쩌다 왕대 하나라도 그냥 지나치면 어김없이 분봉이 일어난다.

꿀을 내리는 동안에도 아기 벌들이 십여 마리씩이나 새로 태어나 벌집에서 돌아다닌다. 아직 날개도 제대로 나오지 않은 아기벌이라 가볍기도 하고, 세상구경을 처음 해서 두려워서 꼭 붙어 있어 그런지 채밀기가 돌아가도 떨어지지 않는다. 비틀비틀 제대로 걸음도 떼어놓지 못하는 것이 꼭 걸음마 배우려고 안간힘을 쓰는 아기와 같아 안쓰럽다.

채밀기를 통해 흘러내리는 맑은 꿀이 통에 차는 것을 보면 자연의 오묘함과 신비함에 매료된다. 윤년에는 양봉농가들의 경험으로 꽃에서 꿀이 많이 생성이 되지 않아 꿀이 적게 나온다고 한다. 올해도 대봉가들은 꿀흉년으로 모두 시름에 잠겼다. 우리는 소규모라 그런지 다행히 별 지장이 없다. 고마운 일이다. 벌이 꿀을 가져다주지 않으면 사람의 능력으로 어찌 그 섬세한 꽃에서 꿀을 채취할 수 있을까.

벌이 사람에게 내어주는 꿀과 프로폴리스, 로열젤리 등 벌에서 나오는 산물은 5프로 안팎이고, 식물수정을 통하여 인간의 생존에 기여 하는 것이 90프로가 넘는다고 한다. '세상에서 벌이 사라진다면 인간이 4년 만에 멸망할 것'이라는 아인슈타인의 말을 마음속에 다시 새기면서, 오늘도 한 마리라도 더 다치지 않도록 애쓰며, 최고의 꿀을 뜨기 위해 힘을 다 한다.

벌에 쏘여 고통스럽긴 해도 벌 한 마리 한 마리가 귀중한 보배다.

귀한 대접 받는 일벌

벌통을 열면 벌집으로 가득 찬 소비가 나란히 들어 있다. 깨끗한 하얀 새 소비, 소비를 사용한 지 시간이 지나 누렇게 변한 것, 오래 되어 까맣게 된 소비 등 여러 가지 색깔이 눈에 들어온다.

새 벌집은 깨끗하고 수벌도 하나 없으며 다루기가 참 편하다. 소비를 오래 쓰면 벌이 드나들어 그런지 검게 변하는데 그 색깔에 따라 벌집의 색깔도 보호색을 띠듯이 똑같이 변한다. 소비가 더 오래 되어 검게 변한 벌집은 까맣다.

여왕벌과 일벌도 깨끗한 것이 좋은지 새 소비에는 암벌 알만 낳고 알도 가지런히 예쁘게 낳는다. 지저분한 소비에는 그 생김과 색깔처럼 지저분하고, 수벌도 많이 낳아 놓고 까만 것이, 그 벌집 색깔에 따라 번데기를 덮고 있는 밀랍도 똑같은 색깔이라 참 이상하고 오묘하다는 생각이 든다.

일을 하면서 검게 변한 소비는 없애 버리고 새 소비로 갈아 주지만 금방금방 지저분해져서 소비를 늘 많이 준비해 놓고 있다.

꿀벌의 구성은 생식이 가능한 여왕벌과 생식이 불가능하지만 식구를 먹여 살리는 일벌, 번식기에만 필요한 수벌들로 이루어진다. 벌 한 통에 꿀 뜰 시기에 벌이 왕성할 때는 이만마리가 서로 역할이 다른 가족끼리 협력하면서 잘 살고 있다.

일벌은 알에서 태어나 유모 벌의 머리에서 나오는 로열젤리를 사흘 정도 먹이고, 유충이 되면 꿀과 꽃가루를 섞어서 먹인다. 10일 후면 유충은 벌방 속에서 번데기가 되어 벌집을 채울 만큼 커진다. 일주일 지나 완전히 자란 성충은 자기 방을 봉한 밀랍을 먹어치우고 나와 일벌로 일을 하게 된다.

똑같이 태어난 암벌을 여왕이 자라는 왕대라는 집을 만들어 로열젤리만 먹여 키우면 여왕벌이 된다. 여왕벌의 수명이 오륙 년인데 로열젤리를 먹고 살기 때문인지 교미시기에 자기 몸무게의 3배가량이 되는 정자를 저장하게 된다. 5백만 개 정도의 난자와 정자를 몸에 지니고 하루에 알을 1,500개 내지 3천 개를 낳는다. 여왕벌의 이런 왕성한 활동 때문에 사람들이 여왕벌이 먹고사는 로열젤리를 먹으려고 하는 이유다.

처음 나온 일벌은 내역봉(통 안에서 일하는 벌)으로 보름간 벌통 안에서 새끼도 키우고 여왕도 돌보고, 수벌도 먹이며 벌통 안 청소와 수리 등을 한다. 보름 후 내역봉의 역할이 끝나면 외역봉(밖에서 꿀을 가져오는 벌)이 되어 꿀을 날라 온다.

일벌은 벌통으로부터 2~4킬로미터 정도 비행하며 꽃에서 꿀을 가져온다. 이런 활동을 하루에 세 번에서 열 번까지 한다. 꽃은 시공을 초월하여 어디서나 언제나 피는 것이 아니므로 꿀을 뜨는 시기는 격렬한 활동으로 수명이 보름 정도로 짧아진다. 겨울을 나는 시기에 6개월 이상 사는 것을 보면 힘든 노동이 수명을 단축시키는 것 같다.

벌은 구성을 이루는 여왕벌과 일벌, 수벌이지만 그중에서도 일벌의 비중이 가장 크다. 한 집안의 중요한 역할을 맡은 사람이 주부이듯 일벌도 가족을 먹여 살리는 기둥이다. 벌 일을 하면서 어쩌다 일벌 한 마리를 잘못해서 목숨을 잃게 하면 그렇게 아까울 수가 없다. 그래서 벌 일을 할 때는 조용조용 부드럽게 살살 다룬다. 일벌 한 마리 한 마리가 모여 그 귀중한 꿀을 모아 온다고 생각하면 일벌을 소중하게 다루면서 귀하게 여기는 마음이 절로 인다.

일벌은 보름쯤 일을 하다가 기운이 딸리면 경비병으로 책무가 바뀌어 문 앞에서 집을 지킨다. 경비병은 다른 벌통의 벌이 잘못 들어오면 가차 없이 죽여 버리고, 꿀을 노리는 침입자가 와도 죽기 살기로 싸워 퇴치한다.

꿀을 뜨면서 제일 귀찮은 것이 경비병이다. 한 번 쏘고 나면 죽는데도 끝까지 따라 다니면서 얼굴 주위를 맴도는 것이 여간 귀찮지가 않다.

꿀을 모아오는 일벌은 우리에게 달콤한 꿀을 제공하므로 제일 귀한 대접을 받는다. 벌 일은 하면 할수록 신비하고 배울 것이 무궁무진하다.

꿀벌도 뇌물을 준다

꿀벌의 뇌물은 꿀 한 방울이다.

미물인 벌도 뇌물을 주면 목숨을 부지할 수 있다는 것을 안다. 벌이 뇌물을 주어야 될 경우는 다른 벌통에 잘못 들어갔을 때다.

모은 꿀이 너무 무거워 자기 벌통까지 갈 기력이 떨어졌을 때. 꿀을 수집하러 갔다가 갑작스런 기후변화로 바람이 불거나 비가 내려 곤경에 빠졌을 때. 잠시의 착각으로 자기 집인 줄 알고 들어갔을 때. 꿀을 수집하러 간 사이 살던 집이 옮겨졌을 때. 말벌 등의 침공으로 집이 없어졌을 때. 죽을 수도 있다는 것을 알면서도 가까운 곳에 있는 남의 벌통으로 들어간다.

벌들은 각 통마다 여왕이 품어놓은 냄새(페로몬)가 몸에 배이기 때문에 자기 집 벌을 정확히 구별해 낸다. 집을 지키던 경비 벌은 자기 식구가 아니면 가차 없이 죽여 버린다. 그렇게 죽임을 당할 위험에 놓여 있을 때 몸에 지닌 꿀 한 방울은 뇌물이 되어 죽임을 면하게 된다. 뇌물의 위력이다.

벌이 꿀을 수집하면 배에 꿀을 넣어오므로 배가 불룩하고 길게 늘어나서 꿀을 가지고 있는 벌은 한눈으로 식별할 수 있다. 경비병이 다른 통의 벌이 잘못 들어오는 것을 알아도 꿀을 많이 가지고 있으면 죽이지 않고 통과시킨다. 일단 경비병이 지키던 문을 통과해서 집안으로 들어온 벌은 가족으로 받아들인다니 보면 볼수록 신비한 벌의 세계다.

꿀벌을 연구하는 로완 제이콥슨이라는 학자에 의하면 꽃도 벌에게 내주는 꿀이 종족번식을 잘 시키기 위한 뇌물이라고 한다. '뇌물'이라는 단어가 머리에 박혀 지워지질 않는다.

얼마 전 TV프로그램에 북한에서 유명한 탈북여성인 무용수가 나왔다. 무대에서 춤을 추는 재주는 모두 비슷하다고 한다. 그중에 독무를 하거나 여러 무용수들 가운데 중앙에서 혼자 많은 양의 춤을 추는 역할을 하려면 책임자에게 그냥 있어서는 안 된다고 한다.

지방에서는 쌀 같은 농작물을 뇌물로 주고, 평양 같은 도시에서는 TV나 냉장고, 에어컨, 세탁기 등의 가전제품을 뇌물로 준다고 한다. 최고 권력자부터 하층 노동자까지 평등사회라고 하여 '동무'라고 부르는 이북에서도 뇌물공세는 똑 같다는 실상을 듣고 쓴웃음이 나왔다.

미국에서 속도위반을 하고 달려가는 차를 교통순경이 쫓아가서 잡았다. 차에서 내려오던 운전자가 아이스크림을 내밀었다. 교통순경에게 주려고 샀는데 녹을까봐 있는 힘을 다해 속력을 냈다고 하는 바람에 범칙금 부과를 못하고 웃었다고 한다. 애교 있는 뇌물이다. 뇌물 앞에서 사람의 마음이 흐물흐물해지는 것은 어쩔 수 없는가 보다.

요즘 눈만 뜨면 뇌물로 인해 정치판에서부터 사회 구석구석이 온통 시끄럽다. 뇌물사건에 연루되어 많은 사람들이 웃고 울고, 잡혀가고 조사를 받고 감옥에 간다. 아주 적은 뇌물부터 상상을 초월하는 덩치 큰 뇌물까지 세상에 사람이 살고 있는 한 뇌물이라는 부정한 작태는 없어지지 않을 것이다.

벌과 같은 미물도 뇌물을 주어야 목숨을 부지 하는 수단을 가졌으니 사람의 세상에서 자행되고 있는 뇌물은 본능이며 당연한 이치라고 생각을 해도 틀리지 않을 것 같다.

인간도 동물인 이상 뇌물을 사라지게 하기는 어려워도 낮출 수는 있다. 사람은 잘잘못을 판단할 수 있는 두뇌를 가졌고 올바르게 살아가야 되는 좋은 교육을 받아 이성으로 감정을 제어할 수 있는 능력도 있다. 뇌물을 주면서 온갖 비리를 저

지르는 사회의 단면을 보며 뇌물이 없는 깨끗한 세상을 만들 수 있는 방법이 분명히 있을 것이라는 생각도 해 본다.

꿀 한 방울처럼 생명을 부지하기 위한 수단으로 쓰이는 뇌물은 미소를 자아내게 하지만 어느 사회에서나 뇌물 없는 맑고 정직한 세상이 되기를 바라는 것은 이루어질 수 없는 꿈일 뿐일까.

수벌의 존재

참 신기한 일이다.

내역봉(집 안에서 일하는 벌)은 소초(소비를 만들기 위한 틀)에 벌집을 만들면서 암벌을 위한 집은 소비(꿀을 저장하고 여왕벌이 알을 낳아 성충이 될 때까지 키우는 집) 가운데다 촘촘히 만들고, 수벌집은 소비 아래쪽에 수십 개만 만들어 놓는다.

알을 낳기 전부터 암벌을 낳을 것인지, 수벌을 낳을 것인지 구별을 해 놓는 것 같다. 암벌 방은 작고 수벌 방은 크다. 녹두알만한 그 머리로 어떻게 그런 계산을 하고 벌방을 만드는지 신기할 뿐이다. 암벌 방은 적고 수벌 방은 크기 때문에 내검(벌통 안을 점검 하는 일)을 하면서 수벌집이나 수벌 번데기가 들어 있는 벌방은 구별하기가 쉽다.

수정이 되지 않은 벌이 수벌이 된다고 하는데 여왕벌이 발로 벌방을 더듬어 작은 벌방에는 수정이 된 일벌 알을 낳고, 큰 벌방에는 수정이 되지 않은 수벌을 낳는다고 한다.

수벌은 종족이 번성하는데 중요한 역할을 하여 후손에게 좋은 유전자를 물려주기 위해 이웃집단의 어린 여왕벌과 교미를 한다. 수벌의 수명은 2주에서 4주이다. 여왕벌이 수벌을 향하여 향을 뿜어 유혹을 하는데 성숙한 수벌은 여왕을 쫓아가 교미를 하게 된다. 이때만이 수벌의 진가를 발휘하여 존재가 빛날 때이다. 이런 일은 벌통 밖 공중에서 이루어고 벌통 안에서는 암수가 함께 있어도 자기가 낳은 자식이어서 서로 냉담하여 근친 교배가 이루어지지 않는다.

수벌은 일단 교미가 끝나면 죽지만, 여러 번 교미를 하는 여왕벌이 마지막 교미를 끝내면 수벌의 생식기가 여왕벌의 생식기 안에 남아 있어 여왕벌이 교미를 끝내고 집으로 돌아오면 시녀 벌들이 그것을 빼내 준다고 한다.

교미를 하지 못한 수벌들은 벌통에 남아 있어 꿀이 나오는 철에는 일벌들이 가져오는 꿀을 얻어먹고 살지만, 꽃이 없는 철인 무밀기에는 일벌에 의해 벌통에서 내쫓긴다. 그래서 꿀이 없는 장마철에는 수벌은 눈에 잘 띄지 않고, 더구나 월동하려고 준비할 때는 수벌을 볼 수가 없다. 가물거나 비가 많이 와서 꿀이 흉년일 때도 먹여 살리기가 힘들어서인지 수벌의 수는 눈에 띄게 줄어드니 자연의 현상에 따라 가족의 수를 조절할 줄 아는 벌들의 지혜가 놀랍기만 하다.

사람은 나이가 들면서 남자는 홀몬 작용에 의해 여성화 되고 여자는 남성화 되어, 남자의 기질은 점점 부드러워지고 여자는 성격이 강해진다고 한다. 그래서 여자는 활동이 활발해져 시간을 잘 보내고 즐겁게 사는데 남자는 나이 들면 아내만 바라보면서 사는 경우가 있어 생활의 균형을 맞추기가 어렵다고 한다.

수벌이 사는 모습을 보면서 우리가 살아가는 모습과 어떤 면으로 흡사하다는 느낌이 들 때가 있어 쓴웃음이 나온다. 할 일 없이 무위도식하면서 사는 일이 얼마나 힘든 일인지 잘 알고 있으니 우리는 아무리 벌 일을 하는 것이 힘들더라도 일을 할 수 있어 좋다고 남편과 땀범벅이 되어 서로 쳐다보면서 위로를 한다. 세상에 쓸모없는 사람이 된다면 살아가는 일이 얼마나 고역일 것인가.

수벌은 미물이지만 자기가 어떤 위치에서 살고 있는지 아는 듯 벌통을 점검하려고 뚜껑을 열면 제일 먼저 숨고 도망간다. 꼭 자기가 처한 상황을 알고 죽지 않으려고 안간힘을 쓰는 것 같은 느낌을 받는다. 수벌의 딱한 상황에 대한 선입감이리라.

인간처럼 조직사회를 이루고 사는 벌이 이렇게 쓸모가 없어지면 도태를 시키는 엄숙한 현실이 냉혹하다.

벌의 세계는 알면 알수록 신비하고 재미있다. 벌 일을 하면서 아무리 힘들어도 피곤하지 않고 즐거운 것은 벌들이 사는 모습을 보고 배우며 느끼는 것이 많아서이다.

잡꽃 꿀은 왜 사라졌을까

어둠이 아직 가시지 않은 새벽, 벌에 쏘이지 않도록 단속을 하고 양봉장으로 향한다. 꿀 뜰 계획을 하고 벌을 만나러 가는 마음은 늘 기대에 부푼다.

채밀장에 들어서자 우선 가스레인지에 물을 올려놓고, 칼을 담근 다음 불을 켠다. 쑥에 불을 붙여 훈연기에 넣고 연기가 잘 피어오르도록 쑥을 꾹꾹 눌러 담는다. 요즘은 꿀이 아까시 꿀 때만큼 나오지 않으므로 벌이 신경이 날카로워져 있고, 꿀 냄새만 나면 악착같이 덤비기 때문에 조심을 해야 한다. 벌이 덤비는 것을 막기 위해 꿀이 든 벌집을 덮을 보자기도 준비하고 꿀 뜰 준비를 마친다.

채밀실에서 먼 쪽부터 벌집을 수거해 오는데, 꿀을 뜰 때는 항상 쑥 연기를 피우면서 벌이 쑥 냄새를 피해서 벌통 밑으로 내려가게 만든 다음 벌집을 들어 올려 벌을 털어낸다. 그런데 벌집에 꿀이 별로 없다. 조금 밖에 없는 꿀을 뺏으면 벌이 굶을 것 같아 벌통에 도로 넣어 준다.

첫 벌집부터 꿀이 없는 것이 조짐이 좋지 않다. 몇 통 째의 벌통을 열어보아도 간신히 벌의 양식이 될 만큼의 꿀 밖에 들어 있지 않다. 벌 키우기 시작한 지 10여 년, 이렇게 잡꽃꿀을 뜨지 못하는 해는 처음이다. 대봉가들이 잡꽃꿀이 나오지 않는다고 걱정하는 소리를 귓등으로 들었다. 양봉장 근처에는 찔레꽃과 야생화가 지천이라 벌들이 충분히 꿀을 가져오리라 생각하고 낙관을 하고 있었다.

그러고 보니 금년에는 찔레꽃이 피다가 모두 말라 죽고 있어 이상하다는 생각을 했다. 한창 찔레꽃이 필 때 날이 너무 더워서 그대로 말라 죽은 것은 아닌지 모르겠다. 모든 식물이 자라기 좋은 환경과 온도가 있는데 그 중 한 가지만 맞지 않아도 견디기가 힘든 모양이다. 과수농가들도 작황이 좋지 않다고 걱정을 많이 한다. 금년 봄에는 산수유를 비롯해 진달래, 매화, 벚꽃이 차례차례 피지 않고 한꺼번에 피는 기현상이 일어났었다. 꽃에서 꿀이 나오지 않아 남쪽으로 내려갔던 이동 벌을 하는 사람들도 꿀은 하나도 뜨지 못하고 그냥 올라왔다.

아까시 꽃이 절정을 이룰 때 비가 장마 때처럼 내려서 양봉가들이 시름에 잠겼었는데 잡꽃 꿀마저 뜨지 못하게 되었으니 양봉을 생업으로 하는 사람들이 걱정이다. 우리는 비가 오기 전에 아까시 꿀을 서너 번 떴기 때문에 예년의 수확만큼 꿀이 나온 것이 그나마 다행이다.

꿀을 뜨는 일은 틀렸으니 벌통 내검이나 철저히 하기로 했다. 여왕벌이 있는지, 알은 잘 낳아 놓았는지, 왕대는 달아놓지 않았는지 눈을 크게 뜨고 살핀다. 일은 하지 않고 놀면서 꿀만 축내는 수벌은 눈에 띄는 대로 잡아 없애야 한다.

여왕벌이 있는데 분봉을 하려고 키우는 왕대도 철저히 없애야 한다. 왕대가 있는 것을 모르고 간과했다가 새 여왕이 나오면 구 여왕이 가족의 반을 이끌고 분봉해 나가므로 여간 속 터지는 일이 아니다. 그래서 샅샅이 살펴서 왕대를 없애야 한다.

꿀을 뜨려고 계획했던 시간이 남아서 내검이 끝난 다음 양봉장을 깨끗이 청소하고 벌통 앞에 난 잡초들을 말끔히 뽑아주었다. 깔끔해진 양봉장을 둘러보니 마음은 개운하다. 모든 농사가 하늘에 달렸으니 마음은 늘 긴장의 연속이다.

잡꽃꿀이 나오는 야생화들은 뿌리가 깊은 아까시나 밤나무보다 기후의 영향을 많이 받나 보다. 꿀이 없는 벌통을 보는 마음이 착잡하다.

잡꽃 꿀이 왜 사라졌을까.

꿀은 달콤하지만

눈물이 난다.

「길 위에 부부」라는 제목의 어느 양봉가의 얘기를 다룬 다큐멘터리인 '인간극장'이라는 프로를 보고 있다. 왜 내 가슴이 이렇게 아프고 눈물이 나는지 모르겠다. 그 부부가 1년에 6개월을 이동양봉을 하느라 집을 떠나 천막생활을 해야 되는 고생스러운 삶이 안타까워서 눈물이 난다. 힘든 꿀농사를 지으며 건강이 좋지 않은 남편을 돌보면서도 부부의 사랑이 넘치는 모습이 너무도 아름다워 또 눈물이 난다.

벌도 살아 있는 생명이니 일 년 열두 달 계속 매달려 보살펴야 한다. 더우면 시원하게 햇볕을 가려 주고, 추우면 얼어 죽지 않도록 따뜻하게 덮어 주며, 비 맞지 않도록 지붕도 만들어 주어야 하고, 눈이 오면 지붕이 내려앉지 않게 쓸어 주어야 한다.

무밀기에는 벌들이 굶지는 않는지 늘 신경을 쓰고 보살펴야 한다. 벌통 주위는 벌이 활동하기 좋고, 곤충들이 기생하지 못하도록 풀도 깨끗이 뽑아 주고 벌과 꿀을 훔치러 오는 여러 종류의 곤충이나 동물들에게서 지켜 주어야 한다.

꿀을 뜨기 위해 벌집에 붙어 있는 벌을 털면서 꺼냈다 넣었다 해야 되는 일도 보통 어려운 일이 아니다. 벌집을 채밀장으로 옮겨 채밀을 한 뒤 다시 벌통에 넣어야 하고, 꿀을 유리로 된 꿀병에 담고 부탁하신 분들께 포장을 해서 부치는 일도 많은 정성과 힘이 함께 드는 일이다.

벌은 겨울 동면에 들어 갈 때까지는 일주일에 한 번씩 내검을 해서 벌통 안의 상태를 살피면서 돌보아야 한다. 남편도 무거운 벌통 다루느라 오른쪽 팔에 이상이 생겼다.

벌들의 생존이 달린 애써 모아온 꿀을 인간들이 다 빼앗아 가니 독을 가진 벌이 가만히 보고만 있을 리가 없다. 아무리 꼭꼭 여며도 빈틈을 찾아내어 공격을 한다.

10여 년 전 양봉을 시작할 때 우리도 3년 간 이동 벌을 한 적이 있다. 처음 시작한 곳은 워낙 산이 깊어 일제강점기 숲을 조성할 때 아까시나무를 심지 않았다고 한다. 그래서 아까시꿀 뜰 철이면 아까시나무 많은 곳으로 이동을 했었다. 숲에 놀러가 텐트를 치고 지내는 것은 즐거움과 낭만이 있겠지만 벌을 가지고 이동한다는 것은 여간 고역이 아니다. 하루 이틀도 아니고 적어도 일주일 이상은 한데서 지내야 하니 나이도 있고, 우리가 감당하기에는 힘에 부치는 일이었다.

그래서 7, 8년 전에 지금의 장소인 산중턱으로 이전하여 고정양봉을 하게 되었다. 이곳은 아까시나무도 많고 잡꽃 꿀을 모을 수 있는 온갖 나무와 야생화가 있고, 밤나무도 많아 양봉전문가들도 와서 보고 천혜의 조건을 갖춘 양봉장이라고 부러워한다.

아이들은 힘들다고 이 일을 그만두라지만 할 일 없이 놀고 있는 것보다는 좋다. 해마다 아이들에게 좋은 꿀을 먹이기도 하지만 우리 집 꿀을 기다리는 분들 때문이라도 꿀농사를 그만 둘 수가 없다. 우리 꿀을 잡수시는 어떤 분은 우리더러 오래오래 살아서 꿀을 먹도록 해주어야 한다고 한다.

이동양봉을 하는 분들에 비하면 우리는 너무도 편하게 양봉을 하는 편이지만 그래도 중노동이다. 이동 벌을 하는 사람들 삶은 표현할 수 없이 고생스럽다. 좋은 꿀을 떠서 사람들을 즐겁게 해 준다는 사명감과 자부심을 느끼지 않고는 할 수 없는 일이다. 꿀을 먹는 사람들은 꿀이 한 방울 한 방울 소중하다는 것은 느끼겠지만 이렇게 힘들게 꿀이 생산된다는 것은 짐작하기 어려울 것이다. 꿀은 옛날부터 약으로 쓰였다. 꿀에는 비타민과 미네랄, 항산화물질, 포도당 등 아직도 밝혀지지 않은 많은 신비한 효소들이 들어 있다.

때때로 양심을 버린 가짜꿀 만드는 사람들 때문에 상처를 받지만 대다수의 양봉농가는 성실과 정직으로 꿀을 만들어내고 있다. 아무리 열심히 일을 하고 공을 들여도 자연이 잘 해주지 않으면 모두 물거품이 된다.

모든 양봉농가가 편안하게 살 수 있는 날이 하루 빨리 왔으면 좋겠다. '길 위에 부부'들도 꿀농사가 잘되어 안정된 삶을 살 수 있는 생활을 할 수 있도록 기원한다.

도심에서 벌 기르기

해마다 이웃의 유기농 사과과수원에 사과꽃이 필 무렵이면 우리 집 벌을 서너 통씩 갖다 놓는다. 사과꽃이 다 져서 수정이 끝나고 벌통을 수거해 올 때면 꿀통에 사과 꿀이 가득 들어 있어 흐뭇했다. 수정해 주는 벌 때문에 해마다 유기농 맛좋은 사과도 잘 먹고 있다.

금년에는 지난겨울 동해로 나무들이 피해를 많이 입어서인지 워낙 꿀이 흉년이라 수정할 동안에 벌이 먹을 꿀조차 없이 꿀이 바짝 말라 있어 굶어 죽지나 않을까 걱정을 많이 했다.

근년에 웬일인지 세계적으로 벌이 흔적도 없이 사라지는 일이 많아 양봉농가를 긴장 시키고 걱정도 시키고 있다. 꿀 수확이 없으면 양봉농가의 생계도 걱정이지만 벌이 없어져 모든 꽃들이 수정을 하지 못한다면 작물이 열매를 맺지 못할 것이고 그것이 인간생활에 큰 영향을 끼칠 것이라는 경고를 들었다.

며칠 전 신문에 '꿀벌 불러들여 지구를 살리자'라는 타이틀을 가지고 도심 속 양봉이 급증하고 있다는 기사를 보았다. 도심 속 양봉은 대기오염 등으로 점차 사라지는 꿀벌을 불러들여 자연의 균형과 질서를 회복하는 환경 운동으로 주목 받고 있다고 했다. 뉴욕의 맨해튼, 런던과 호주, 동경에서도 도심에서 벌 기르는 사람들이 늘어나고 있다고 한다.

대봉가인 지인은 만약 벌이 독침이 없었다면 도심의 옥상 같은 여러 장소에서 너도 나도 벌을 키웠을 것이라는 얘기를 했다. 꽃이 있는 곳이면 서너 통만 잘 키워도 한 해 동안 한 가족 먹을 양은 충분히 채밀할 수 있으니 누구든 벌을 키울 수 있다면 좋은 소일거리와 취미생활도 할 수 있을 것이다.

독침 때문에 벌을 키우려면 장비가 많이 든다. 서너 통 키우기 위해 장비를 다 장만하고 준비하는 것은 번거로운 일이다. 특별히 벌 키우는 것을 좋아하는 사람이라면 상관이 없겠지만….

우리 양봉장에 찾아오는 사람들은 벌이 무서워 조심을 많이 한다. 벌이 이상하게 머릿속을 좋아해서 아무 방비 없이 벌 옆에 가면 머릿속부터 파고든다. 농장에 놀러 왔던 남편 친구

한 분은 머릿속을 열댓 군데를 쏘여서 병원에 실려 가기도 했다.

아무 생각 없이 벌집 옆을 지나가다가 대여섯 군데씩 쏘이는 경우도 있다. 벌독 알레르기가 있는 사람은 한 방을 쏘여도 위험할 수 있어 우리는 손님이 오면 벌에 쏘일까 바짝 긴장을 한다. 남편은 벌 일을 할 때면 하루에 20군데씩 쏘이기도 하지만 십여 년 동안 벌을 키우면서 면역이 되어서인지 벌에 쏘여도 괜찮다고 한다. 그 덕인지 많은 나이에도 관절 같은 곳이 아픈 데가 없다.

나는 아직도 벌이 무섭다. 항상 벌통 옆에 갈 때는 정신 바짝 차리고 주의를 한다. 아무리 쏘이지 않으려고 중무장을 해도 꿀과 종족을 지키려고 달려드는 경비병에게는 당할 수가 없다.

벌이 평생 일하며 모으는 꿀이 한 찻숟가락이다. 그것을 모으기 위해 온갖 고난을 무릅쓰고 걷어 온 먹이를 인간들에게 다 빼앗긴다. 어떻게 생각하면 인간이 잔인하다는 생각도 든다.

벌을 길러 지구도 살리고 꿀을 먹을 수 있다는 꿈을 가지고 도시에서 벌을 키우는 운동이 번지고 있다니 반가운 일이다. 질 좋은 꿀도 먹고 지구도 살릴 수 있다면 금상첨화다.

하루에 사라지고 있는 지구상의 생명이 2천여 종이 넘는다는 얘기를 들었다. 열매와 꽃을 맺게 하는 벌도 사라져가고 있는 생물 중에 하나라면 인류의 생존이 달린 문제다. 많은 사람들이 관심을 가지고 도회지에서도 벌을 키울 수 있는 환경을 만들어 보는 것이 벌을 번식시키는 데 일조를 할 수 있다면 얼마나 좋을까. 마침 서울시청의 옥상에서 벌을 키워 보려는 계획을 세우고 있다니 반가운 소식이다.

여왕벌

배드민턴채로 빗맞은 여왕말벌이 큰 덩치로 버둥거리고 있다. 어른 엄지손가락만한 것이 징그럽기도 하다. 새끼를 기르려고 적당한 집을 찾아 집 처마 밑을 맴돌다 당한 일이다. 집과 양봉장이 가까워서 새끼 기르기가 쉬울 것이니 좋은 보금자리라고 생각한 것이리라.

봄에 여왕말벌 한 마리를 잡으면 벌집 전체를 잡는 것과 같다. 여왕말벌이 새끼를 낳아 수백 수천의 말벌을 기르면 우리 집 벌통은 피해가 크다. 말벌 서너 마리가 오면 2만여 마리가 들어 있는 벌통이 순식간에 작살난다. 여왕말벌을 잡으니 적군을 물리친 장군이 된 기분이긴 하지만 생명이 죽어가는 것을 보는 마음은 언짢다.

요즘 잠자리가 부쩍 늘었다. 분봉해 놓은 여린 새 여왕벌이 교미를 하러 나갔다가 잠자리에게 잡혀 먹힐까 걱정이다. 천적들이 호시탐탐 여왕벌의 목숨을 노리고 있는데 잠자리까지 합세를 하면 여왕벌의 운명은 풍전등화가 된다. 교미를 한 여왕벌은 수정낭(受精囊)에 많은 정자를 몸에 지니고 있어 몸이 둔하므로 빨리 날지를 못하고 잡아먹으려는 적에게 대처하기가 어렵다.

코넬대학 생물학교수이며 양봉가인 토모스 D. 실리에 의하면 여왕벌은 태어난 후 첫 주 동안 자기 벌집을 떠나 근처 다른 벌집의 수벌 10~20마리와 짝짓기를 해서 수정낭에 오백만 마리의 정자를 저장한다고 한다. 하루에 천오백 개씩의 알을 낳으며 한 집단의 여왕벌이 여름 동안 낳는 알은 15만 개나 되고 2~3년 동안 약 50만 마리의 알을 낳는다고 한다. 알 중에서 5%는 수정을 하지 않고 낳아 수벌이 된다. 수벌은 평소에는 쓸모없이 놀고 먹이만 축내서 천대를 받지만, 새끼를 만들어야 되는 필요불가결한 존재다.

수천 수만 마리 일벌과 수벌 속에 숨어 있는 여왕벌을 확인하기가 어렵다. 더구나 수벌은 몸집이 커서 자칫 여왕벌인가하고 속기 십상이다. 여왕벌이 눈에 띄면 실제의 여왕을 만난 것만큼이나 반갑고 고맙다. 그 마음은 여왕을 대하듯 황홀하여 예의를 갖추고 절이라도 하고 싶은 심정이다. 벌을 키우는데 그만큼 여왕벌의 존재가 절대적이다. 여왕벌이 지나가면 벌들이 길을 비키고, 시녀벌 십여 마리가 뒤따르면서 먹이도 주고 몸을 매만지면서 보살핀다지만 육안으로 확인하기는 힘들어 한 번도 본적이 없다.

여왕벌을 축으로, 시중들면서 낳아 놓은 새끼 벌들을 키워 종족보존을 하는 것이 일벌들의 임무인데 여왕벌이 없으면 일할 마음이 생길까 싶다. 여왕벌이 없는 통은 벌들이 안정을 못하고서 헤매기 때문에 내검을 하려면 통제하기가 어렵다. 벌통에 벌의 수가 많아도 조용한 것은 여왕이 있는 것이고, 왕왕대며 시끄러운 것은 여왕이 없는 통이다. 벌통에서 나는 소리를 듣고도 여왕벌의 유무를 알 수 있다.

여왕벌이 있는지 확인하는 것도 중요하지만, 분봉준비로 새 여왕벌을 키우려고 왕대를 달아 놓았는지 눈을 크게 뜨고 살펴야 한다. 벌이 수가 많아지면 구 여왕벌이 가족의 반을 데리고 분봉하기 위해 새 여왕벌을 탄생시키려고 왕대를 만든다. 한 집안에 우두머리가 되는 두 여자가 함께 살 수 없는 것은 사람이나 미물이나 어려운 것 같다.

분봉을 못한 경우 두 여왕벌이 한 집에 있으면 싸워서 힘이 센 놈이 상대방을 죽이고 벌통을 차지한다. 여러 개 만들어 놓은 왕대에서 먼저 나온 놈이 나머지 여왕이 되려고 준비하는 벌을 모두 죽여 버린다. 여왕이 나오려면 '삐삐' 하는 소리를 내기 때문에 그 소리를 듣고 여왕벌이 들어있는 왕대를 물어뜯어 죽이는 것이다.

벌 한 통의 가격이 만만치 않기도 하지만, 인위적으로 분봉을 시켜야 벌통의 수도 는다. 미처 새 여왕이 나올 것을 발견하지 못해 대처를 해주지 않으면 임의적으로 분봉을 해 나가 임시 거처인 높은 나무 꼭대기에 가족을 끌고 앉으므로 벌을 잃어버리는 경우가 많다.

분봉해 나간 벌을 잡으려면 여간 고역이 아니다. 벌에 쏘이지 않도록 단속을 하고 한 사람은 나무 위로 올라가 벌을 털어야 하고, 한 사람은 밑에서 벌을 받아야 한다. 밑에서 받치고 있는 벌통으로 여왕이 먼저 떨어지면 다행이지만 일벌만 떨어지면 다시 날아 올라가서 여왕한테 붙으므로 분봉한 벌을 잡아오는 일이 어렵다. 벌을 기르는데 겪어야 하는 한 과정이니 어쩌랴. 벌이 분봉해 나가자마자 바로 잡지 않으면 다른 보금자리를 찾아 멀리 가버리므로 잡는 것은 불가능한 일이다.

오늘도 남편과 내검을 하면서 벌통에서 여왕벌을 찾을 때마다 머리에 쓰고 있는 망 사이로 기쁜 미소를 주고받는다. 여왕벌이 없으면 다른 통에서 옮겨 오는 여왕벌을 받아들이는 과정이 험난해서 여왕벌을 만들어 줄 걱정이 크다.

꿀벌의 봄맞이

벌들이 얼마나 겨울나기가 힘들고 고생스러웠을까. 사람도 벌도 함께 날이 풀리기를 기다린다.

기온이 올라가면서 벌들이 활동을 하려고 기지개를 편다. 우선 한두 마리가 밖에 나와 상황을 살핀 뒤 나와도 되는지 통 속의 벌들에게 알려 준다. 추위를 탈 없이 잘 견뎌냈을지 궁금한 마음으로 벌통 안에서 지내고 있을 벌들을 생각한다.

날씨가 따뜻해져 벌이 활동을 하기 전에 벌집 바꾸는 것으로 금년 일을 시작했다. 벌통을 가벼운 것으로 바꾸려고 벌집이 일곱 개 들어가는 새 벌통 삼십 개를 샀다. 벌집이 열 개씩 들어가는 벌통이 장만한 지도 여러 해가 되었고, 무거워 다루기가 힘들어 새로 바꾼 것이다.

목재가 풍부한 인도네시아에서 수입을 하여 우리나라에서 조립을 한 뒤 각 양봉장에 보급을 하고 있다. 원목 그대로라 그 자체로는 쓸 수가 없어 벌들이 좋아한다는 노란색을 칠하기 위해 페인트 기술자를 불러 하루 종일 색을 입혔다.

모두 칠을 해 놓으니 산뜻한 것이 보기도 좋고, 벌들도 새 집에서 지내게 되어 좋아할 것 같다. 벌통 준비를 마치니 올해 벌농사의 반은 해 놓은 것 같아 뿌듯하다. 벌통에 칠한 페인트 냄새와 화학성분이 벌에게 많은 스트레스를 주어 좋지 않을 것이기에 완전히 날아가기를 기다려 벌을 새 통으로 옮길 준비를 마쳤다.

추위가 풀리면 영하로 내려가 얼어서 줄 수가 없던 물도 공급해 주고, 여왕벌과 일벌들의 먹이도 준비해야 하고, 새끼의 먹이인 화분도 만들어 놓아야 한다. 2월 말, 여왕벌이 알을 낳기 시작하면 일벌들이 바쁘게 움직여야 될 때가 된 것이다. 여왕벌과 새끼를 먹여 살리고, 일벌도 먹어야 되니 꽃이 필 때까지 먹을 먹이를 주어야 한다.

작년에 쓰고 두었던 채밀기와 탈봉기, 채밀통 등 기계를 깨끗이 닦고 제대로 작동을 하는지 살펴보고, 벌을 다루기 위하여 필요한 망이나 훈연기, 칼 같은 기구들도 모두 쓰기 좋게 준비해 놓아야 한다. 지난해에 말려 놓은 쑥이 양호한 상태로 보관이 잘되어 있는지, 곰팡이는 피지 않았는지 점검을 한다.

양봉장 주위도 정갈하게 치운다.

겨울 동안은 벌이 춥지 않고 따뜻하게 지내도록 날씨가 추우면 더 덮어 주고, 따뜻하면 조절해 주는 일만 해 주었지만, 이제는 꿀을 뜨기 위한 만반의 준비를 해야 하니 손이 많이 간다.

겨울을 보내면서 참았던 변을 탈분하는 것이 벌이 움직이기 시작하면 가장 먼저 하는 일이다. 오랫동안 배 속에 담고 있던 것이라 아주 차져서 어디에 묻든지 잘 닦이지를 않는다. 빨래는 물론이고, 집의 유리창과 차 유리 등 벌이 날아다니는 주변이면 탈분을 해 놓으니 이때가 벌을 키우면서 가장 골치 아플 때이다. 벌이 쏘기도 하지만 탈분 때문에도 마을 근처에서 키울 수 없는 이유다.

초봄이 되어 일찍 피는 꽃들이 봉오리를 터트리기 시작하면 벌 먹이에 대해서는 별 신경을 쓰지 않아도 된다. 도토리 꽃에서는 새끼 벌을 키우는 화분이 나오고 진달래와 벚꽃에서도 벌이 먹을 꿀이 나오니 먹이 걱정을 하지 않아도 되서 우리도 마음이 편해진다.

지구상에서 집단을 이루고 서로 도와 가며 조직생활을 하는 생물은 인간과 꿀벌, 개미뿐이라고 한다. 벌과 개미는 인간보다 더 치밀하게 종족보존을 위해 헌신을 한단다.

이제 벌을 돌보기 위한 만반의 준비가 끝났다.

꿀벌의 여름나기

해마다 봄이면 진동하는 아까시 향기가 늘 삶의 의욕을 북돋운다.

아까시꿀을 뜨고 나면 야생화꿀과 밤꿀을 채밀할 수 있는 꿈이 남아 있어 벌 키우는 일이 힘들어도 마음은 여유롭다. 기대와 달리 야생화꿀과 밤꿀 딸 시기에 날씨가 춥고 비가 질금거려 밤꽃향기도 맞지 못한 채 채밀할 시기가 지나가 버리기도 하고, 기대만큼 꿀이 나올 때도 있다. 이렇게 밤꿀을 뜨고 나면 한 해의 꿀농사는 끝나고, 내년 봄까지 벌을 튼튼하게 지켜주는 일만 남는다.

세상살이는 시행착오의 연속이다. 아무리 좋은 꿈을 가지고 계획과 희망, 기대에 부풀어 있어도 주위의 여건이 좋게 따라 주지 않으면 예상치 않게 계획이 빗나간다. 살아온 날들을 돌이켜 보면 계획대로 된 것보다 시행착오를 일으켜 애를 태운 일이 훨씬 많다. 한 번 지나간 시간은 되돌릴 수 없으니 그 상실감은 클 수밖에 없다. 그렇게 하면서 경험도 쌓아지고 인생살이의 길도 다져지는가보다. 벌을 키운 지 여러 해가 지났는데도 아직 초보의 수준을 벗어나지 못해 서툴다.

어설픈 솜씨로 우리 부부가 만든 비닐지붕 밑에서 편안히 여름을 나고 있는 벌을 들여다본다. 여름 날씨가 하도 변화가 심해 벌도 사람과 마찬가지로 금년에는 고생을 많이 한다. 더우면 일벌들은 벌통 안의 온도를 낮추기 위해 끊임없이 날갯짓을 해서 바람을 일으켜 여왕벌과 새끼 벌들이 지내기 좋도록 해 준다. 온도를 내리느라 다른 일을 못하니 더운 여름에는 벌의 수가 늘지 않는다.

더운 날씨는 그렇게 해결을 하지만 벌이 물에 닿으면 약해져서 여름 장마에 얼마나 고생을 할지 살아있는 생명이라 늘 마음을 졸이며 산다. 빗속이어서 꽃도 없지만 꽃이 있다 해도 젖어서 꿀을 따올 수 없으니 벌들이 굶지 않도록 먹을 것을 주어야 한다. 새끼 먹일 화분도 떨어지지 않도록 해야 한다. 먹을 것이 풍부해야 여왕벌이 알을 많이 낳고 잘 키우게 된다. 여름에 알을 많이 낳아야 벌의 세가 강해져서 겨울 추위도 잘 견디고 내년 봄에 아까시꿀을 많이 채밀할 수 있다.

금년에는 다섯 무리의 분봉한 벌을 잡아 들였다. 벌 한 통 값이 20만원이나 하니 달아나는 벌을 잡아들이지 않을 수도 없지만, 애써 키운 벌이 달아나면 안타깝다. 벌이 집을 나가 분봉을 할 때는 수천 마리의 벌떼가 하늘을 덮어 장관을 연출한다. 여왕벌의 주위로 일벌들이 붙는 일이 얼마나 순식간에 이루어지는지 눈 깜짝할 사이에 한데 뭉쳐 덩어리가 된다. 분봉한 벌 무리를 잘 잡아 놓은 후의 흐뭇한 기분은 경험해 보지 않으면 알기가 힘들 것이다.

여름에는 모든 생물이 더위에 허덕이는 계절이라 벌도 보살펴 주지 않으면 고생을 많이 한다. 벌치는 일은 여름에도 바쁘게 일손을 움직여야 한다. 세상에 힘들이지 않고 거둘 수 있는 일은 없지만 벌을 키우는 일도 똑 같다.

벌을 늘 관찰하면서 벌통을 보살피는 것은 벌들이 이 여름을 잘 나기를 비는 마음에서이다.

꿀벌의 겨울나기

비닐하우스를 덮은 검은 부직포 지붕 위에 눈이 하얗게 쌓였다.

창문 밖으로 보이는 비닐하우스를 내다보는 재미로 추운 겨울을 지루한 줄 모르고 지내고 있다. 비닐지붕 아래 유리판 위에 놓여 있는 벌통에서 벌들이 편안히 겨울을 나고 있다.

남편과 둘이서 가을의 양광 속에서 겨울을 탈없이 나게 하려고 손을 본 비닐하우스가 당당하게 서 있어 우리를 흐뭇하게 한다. 겨울 추위에 더 따뜻하게 지내도록 하려고 여름을 난 나무벌통에서 겨울벌통인 스티로폼벌통으로 옮겨 놓아 눈과 어울려 하얀 벌통이 정감이 간다.

가을에 물어온 야생 꿀을 채밀하지 않고 두었다가 겨울을 지낼 동안 먹을 수 있게 했다. 정성을 다 해서 돌보아 준 덕인지 별 탈 없이 벌들이 잘 지내고 있는 것 같긴 하지만 침묵하고 있는 벌통 안이 궁금하다. 따뜻한 햇빛이 비추니 몇 마리의 벌이 바깥 사정을 살피려고 나왔는지 들락날락한다.

몇 해 전 벌을 기르기 시작할 때보다 많이 늘어나 지금은 오십여 통이 흐뭇하게 자리 잡고 있다. 그만큼 벌을 늘리기까지의 과정은 세월도 오래 걸렸지만 심혈을 기울인 작업이었다. 벌을 키우는 일은 중노동인데도 늘 벌과 함께 살다시피 하면서 지낸 날이 얼마인가. 벌에 쏘여 고생을 하면서도 틈만 나면 벌에 붙어서 애정과 정성으로 돌보았다.

더위와 추위에 잘 견디도록 장치를 해 주고, 배고프지 않게 먹이를 조절해 주고, 비가 오면 습기가 차지 않도록 비를 가려주고, 눈이 오면 비닐하우스에 쌓인 눈도 쓸어 주면서 사철 붙어서 정을 주고 키운다.

겨울에는 벌들이 둥글게 뭉쳐서 그 원안의 온도를 36도 정도로 유지하면서 계속하여 바깥쪽에 있는 벌과 안쪽에 있는 벌이 교대를 하면서 추위를 이겨내고 있다. 겨울을 잘 나야 초봄에 새끼를 많이 나서 벌이 왕성하게 번성을 하고, 꿀 수확을 많이 거둘 수 있다.

관리를 잘못해서 얼어 죽는 일이 벌어지면 다음 해 봄 꿀 뜨기는 포기를 해야 하기 때문에 겨울나기는 양봉농가로서는 가장 중요한 일이다. 어느 해는 관리를 잘못해서 벌이 많이 얼어 죽어 빈 벌통이 늘어가는 것을 보면서 애를 태운 적도 있었다.

한창 재미 붙여 키우던 벌이 죽어 가는 것을 속수무책으로 보면서 애를 태우기도 한다. 그것을 원상태로 회복시킬 때까지의 시간과 노력은 처음 시작할 때보다 더 힘든 일이다.

해마다 기후 변화에 따라 꿀이 풍성하게 나오는 해도 있고, 아까시꿀만 조금 수확하고, 밤꿀과 가을 야생화꿀은 채밀을 못하는 때도 있다. 만병통치약처럼 온 가족이 애용하는 꿀이니 아무리 힘들어도 벌을 키우는 것을 그만 둔다는 생각은 그동안 한 번도 해 본 적이 없다.

벌이 번성할 때를 대비하고 분봉할 때 필요할 것 같아 여유 벌통도 20여 개나 장만하여, 추녀 밑에 탑처럼 쌓아 놓아 쳐다보기만 해도 공연히 흐뭇해진다.

밤과 낮의 일교차가 심하기 때문에 낮에는 열어 주고 밤이면 덮어 준다.

조용하던 양봉장에 다시 벌의 날갯짓소리가 들릴 날을 기다린다.

벌이 겨울을 잘 나고 꿀을 뜰 수 있는 꿈과 희망을 가질 수 있는 재미는 무엇과도 바꿀 수 없는 삶의 활력소이다.

꿀벌의 천적들

말벌로 담근 술이 몸에 좋다고 하여 말벌이 눈에 띌 때마다 잡아서 술에 넣는다. 살아서 날아다닐 때는 사람을 위협하는 그 가공할 독이 무서워 말벌을 만날까 전전긍긍 한다. 말벌이 죽어서 술에 담겨 있는 모습은 징그럽기만 하다. 그렇게 담근 술이 몇 해 동안에 몇 병이나 모아졌다. 손가락 크기만 한 말벌은 쏘이면 목숨까지도 앗아갈 만큼 무섭다.

많은 말벌이 꿀벌에 붙어살기 위해 양봉장 근처에 집을 짓고 사니 양봉농가는 말벌이 나올 철이면 벌통 지키기 위해 온 힘을 쏟는다. 말벌은 꿀벌을 모두 죽이고, 모아 놓은 꿀을 훔쳐가고, 죽인 꿀벌은 끌고 가서 새끼 먹이로 준다. 말벌의 피해로 벌통 앞에 처절하게 죽어 수북이 쌓여 있는 벌의 주검을 보며 심한 상실감을 느낀 적이 한두 번이 아니다.

꿀벌의 천적에는 거미, 잠자리, 두꺼비, 개구리, 새, 말벌, 중벌, 생쥐와 같은 여러 종류의 생물들이 있다. 꿀벌의 천적들이 눈에 띌 때마다 잡아 주지만 당할 수가 없다. 그래도 이런 것들은 꿀벌을 한 마리씩 물고 가니 피해는 말벌만큼 크게 일어나지 않는다. 천적 중에 제일 무서운 것이 말벌이다. 꿀벌은 사람이 지켜주지 않으면 순식간에 멸종할 것이다.

말벌이 가장 많이 오는 시기인 9월에 남편이 출장을 가서 열흘간 양봉장을 비운 사이 많은 양의 벌이 죽임을 당해 이만 저만한 손실이 생긴 것이 아니다. 말벌이 많이 오는 날은 40여 마리를 잡기도 한다. 꿀벌을 늘리려고 여름내 들인 공이 허사로 돌아갔다.

말벌을 잡으려고 여러 가지 유인책을 쓰지만 늘 역부족이다. 끈끈이에 말벌을 한 마리 잡아 붙여 놓으면 친구가 거기에 앉아 있으니 친구라도 되려는 듯 함께 앉는다. 벌이 들어가기 좋게 통을 만들어 말벌이 좋아하는 향을 발라 놓으면 그 통에 들어가 나오지를 못한다. 이런 것들로 말벌을 십여 마리씩 잡기도 한다.

벌을 키우기 전에는 하늘에 날아다니는 잠자리들이 그렇게 예쁘게 보이더니 지금은 벌의 천적이라는 생각이 떠올라 미워지기도 한다. 두꺼비를 징그러워서 피했는데 지금은 두꺼비와 만나면 잡아 없애는 용기도 생겼다. 엉큼한 거미는 벌을 잡아 먹는 원흉 중의 하나니 거미줄은 눈에 띌 때마다 걷어 버린다. 자연의 섭리에 의해 일어나는 현상들이지만 벌을 키우면서 늘 긴장을 하고, 신경을 곤두세우고 감시를 해야 한다.

삶의 선상에서 즐거움이 하나라면 괴로움은 아홉이라는 생각을 한다. 하나의 즐거움을 만들어 내기 위해 그 많은 괴로움을 참고 사는 것이다.

이 세상에 태어난 생명을 가진 모든 것, 동물이든 곤충이든 식물이든 괴로움을 겪는 것은 똑같다. 정상적인 환경에서 60일의 수명을 가진 벌이 한창 꿀을 거둬들이는 바쁜 철에는 보름으로 줄어든다. 종족 보존을 위해 열심히 일하는 벌을 천적들이 호시탐탐 노리고 있으니 사는 일이 이만저만한 괴로움이 아닐 것이다. 거기에 목숨을 단축시키면서까지 가족들 먹여 살리기 위해 힘들여 모아오는 꿀을 사람이 다 뺏으니 천적 중에 가장 큰 천적은 사람이다.

밤에 벌통 옆에 가면 하루 종일 날라 온 꿀의 수분을 날려 보내느라 날갯짓 하는 소리가 요란하게 들린다. 낮에는 꿀을 가져오고 밤새 수분을 없애서 좋은 질의 꿀을 갈무리 해두어 겨울을 나려는 것이다. 이렇게 애써 모은 꿀을 사람이 다 빼앗는다. 어디까지나 사람의 욕심을 위해서지만 사람은 꿀을 뺏어오는 대신 벌에게 대체 양식을 주면서 벌의 목숨을 더

강하게 보존시키려고 갖은 노력을 다한다.

사람은 다른 천적들처럼 생명을 빼앗고 벌 자체를 먹어 치우지는 않는다. 봄이면 밀원이 되는 나무와 꽃을 심어주고, 여름이면 시원하게 햇빛을 막아주고, 비가 오면 습기가 차지 않고 쾌적하게 지내도록 해 주고, 겨울이면 춥지 않게 보온을 해 주니 사람은 천적이면서 은인이라는 생각을 하니 웃음이 나온다.

벌의 천적을 없애주는 것도 사람이 해주는 일이다. 천적을 제거해 주지 않으면 벌은 살아남지를 못한다. 사람과 벌은 서로 상부상조하면서 사는 사이다.

벌을 죽이는 천적을 잡아 주려고 오늘도 벌통 옆에서 눈을 부릅뜨고 지키고 있다.

투명벌통

사람이나 미물이나 자기들만의 은밀한 사생활이 남에게 보여 지는 것은 싫은 모양이다. 벌들을 안이 보이는 투명벌통으로 옮겨 놓으니 사람들이 들여다보는 것이 부담스러운 듯 요란한 몸짓으로 시위를 하는 것 같다.

공부하느라 바빠서 얼굴을 볼 수 없는 손자들을 유혹하기 위해 속이 훤히 들여다보이는 투명벌통을 준비했다. 벌이 집안에서 활동하는 모습을 한눈에 볼 수 있는 투명벌통이라 벌의 움직임이 흥미롭다.

벌통은 보통 나무로 되어있다. 겨울이면 추위를 막아 주려고 스티로폼 벌통으로 벌을 옮겨 주기도 하지만 자연을 소재로 한 나무 벌통이 제일 좋다. 나무벌통에서 살던 모습 그대로를 투명벌통으로 옮겨 놓으니 벌의 사는 모습을 볼 수 있어 재미있는지 아이들이 벌통에 붙어 떨어지지를 않는다. 머리에는 벌에 쏘이지 않도록 망을 쓰고, 옷은 단단히 여며 벌이 쏠 수 없게 차비를 한 손자손녀 서넛이 벌통에 붙어 신기한 듯 들여다본다.

아이들에게 볼거리와 놀 거리가 많은 시골에 와서 여러 가지 체험을 하도록 했으면 좋은데 공부하느라 바빠서 좀체 시골에 올 기회가 없다. 우리 내외는 손자들의 흥미를 끌 수 있는 여러 가지 이벤트를 철마다 다르게 마련해 놓고 손자들을 기다린다.

봄에는 작은 골짜기에서 흐르는 물에 여러 생명이 깃들어 움직이며 새끼를 낳아 커가는 모습이 볼거리이고, 산에 지천으로 피어있는 꽃이 손자들의 마음을 사로잡고, 밭에 고구마도 심고 여러 가지 씨앗도 뿌리는 작업을 하게 계획을 한다. 여름이면 뿌려놓고 심어 놓은 작물이 얼마나 풀에 시달리며 고생을 하는지 보고 풀을 뽑는 법도 가르친다.

겨울에 물이 얼면 연못에서 썰매를 타고, 눈이 내리면 산에 면한 작은 언덕에서 눈썰매를 타려고 손자들이 겨울 오기를 손꼽아 기다린다. 난로에 불을 피우고, 눈 위에 모닥불을 피워 고구마를 구워 먹는 재미도 빼놓을 수 없다. 이렇게 시골에 와서 모든 것 다 잊고 마음껏 맑은 공기 마시며 자연과 함께 지낸 하루는 마음을 살찌우게 하리라는 생각을 한다.

그중에서도 아이들은 투명벌통에서 벌들의 움직임을 보는 것을 제일 좋아한다. 벌도 환경이 바뀌거나 주위가 시끄러우면 스트레스를 많이 받기 때문에 손자들이 떠나면 바로 벌들을 나무 벌통으로 옮겨야 한다. 벌은 고생을 했지만 아이들의 즐거웠던 시간들이 이렇게 흘러갔다. 아이들이 벌들이 사는 모습을 보면서 생명의 존엄성과 존재의 필요성을 배웠다면 귀중한 하루가 되었을 것이다.

조직을 위해 협동하면서 생명을 바쳐 각자 맡은 역할을 해내는 꿀벌들의 살아가는 모습이 아이들에게 삶을 돌아보는 좋은 계기도 될 것이다.

말벌 유인기를 설치하면서

우리 집 농막에는 사람들이 와서 보고 무슨 예술작품이냐고 물어볼 정도로 색의 배합을 잘해서, 정교하고 아름답게 만든 벌집이 장식품으로 자리를 잡고 있다. 직경이 20센티에 길이가 40센티 정도 되는 말벌집인데 어느 폐가 처마 밑에서 따온 것이다. 말벌이 생각을 하고 계획을 세워 집을 만든 것은 아닐 텐데 놀랍도록 색 조화를 잘 시켜 보기 좋게 집을 지었다.

금년 봄에도 말벌 유인기를 설치하고, 말벌이 붙는 끈끈이와 말벌을 잡을 배드민턴채를 준비하면서 말벌과의 전쟁을 시작했다. 말벌은 어른 엄지손가락만큼 커서 보기에도 무섭고 종종 말벌에 쏘여 사람이 죽었다는 뉴스를 들을 정도로 두려운 벌이다. 말벌은 비바람을 피할 수 있는 처마 밑이나 바위틈, 돌

밑에 집을 지어 살고 있어 사람들의 눈에 잘 띄지 않기 때문에 더 무서운 존재다. 꿀벌은 한 번 침을 쏘면 죽어버리지만 말벌은 한 마리가 침을 20~30번씩 쏠 수 있다고 한다.

숲이 많아 언제 말벌이 나타날지 걱정이 되기도 하지만 꿀벌을 키우고 있으니 말벌의 존재는 두려움 그 자체다. 말벌 한 마리가 오면 꿀벌을 한 마리만 물어가지만, 세 마리가 함께 힘을 합치면 몇 만 마리가 들어있는 벌통을 작살내는 것은 순식간이다.

이웃집 양봉농가에서는 하루에 열세 통의 벌이 말벌의 습격을 받아 몰살을 했다. 우리도 잠깐 방심한 사이에 말벌이 와서 세 통의 벌들을 몽땅 죽여 버렸다. 벌의 다른 천적들은 벌을 잡아먹어도 한 마리씩 물고 가니 그리 큰 피해는 입지 않지만 말벌의 습격은 가슴을 덜컥하게 만든다.

벌들은 꽃에서 꿀도 모으고 수정도 하지만, 말벌은 작물하고는 아무 관계도 없는 벌이다. 자연 속에 존재할 이유가 있어 태어난 생명이겠지만 아무리 생각해도 말벌은 없었으면 좋은 곤충이라는 생각을 하게 된다. 말벌은 꿀을 모으지 않으니 양봉이나 토종의 벌을 다 죽이고 꿀을 훔쳐 먹는다.

말벌은 꿀을 모아 저장하는 재주가 없으니 겨울을 나기 힘들어 겨울이 닥치면 일벌이나 수벌들은 모두 죽어버리고 여왕벌 한 마리만 남아서 월동을 한다. 이른 봄이 오면 여왕벌이 혼자 다니면서 먹을 것이 많은 꿀벌 통 주위에 집 지을 자리를 찾기도 하고, 꿀벌을 잡아먹으려고 벌통 주위를 맴돈다. 이때 그 여왕벌을 잡으면 말벌 한 무리를 잡아 없애는 것 하고 같으니 봄이 되면 말벌을 잡으려고 우리는 더 혈안이 된다. 이른 봄에 돌아다니는 여왕벌은 집지을 곳을 찾느라 사람에게 관심을 두지 않아 별로 무섭지가 않다.

작년 봄에는 벌집 근처를 돌아다니는 여왕말벌을 눈에 띄는 대로 잡아서 그런지 말벌이 먹이가 귀해지는 9, 10월에 양봉벌을 습격하려고 오는 숫자가 적어 안심하고 있었다. 그 느긋했던 마음이 화근이 되어 말벌에 주의를 하지 않아 많은 수의 벌을 잃었다.

말벌이 오기 시작하면 하루 종일 지켜 서서 잡아야 한다. 말벌 잡이 끈끈이를 벌통 위에 놓고, 잡은 말벌을 서너 마리 붙여 말벌이 와서 친구들인 줄 알고 함께 붙어 하루에 십여 마리씩 말벌을 잡기도 한다. 말벌 유인기 안에 말벌이 좋아하는 자연에서 채취한 향을 넣어 놓으면 먹이인 줄 알고 들어가 잡히기도 한다. 유인기에 들어간 말벌은 살아 있을 때 핀셋으로 잡아 물에 씻어 꿀에 담근다. 꿀에 말벌의 독이 녹아서 몸에 좋다고 하여 사람들이 말벌 꿀을 좋아한다. 자연상태로는 말벌을 잡기가 어려워 꿀이나 술에 담기가 힘들다. 사람들을 공포에 몰아넣는 말벌도 죽어서는 사람들 몸에 좋다는 독을 내준다.

어제 저녁 때 여왕말벌 두 마리가 유인기에 들어갔다. 밤새 기운이 빠지면 잡아내야겠다고 생각하고, 오늘 아침 일찍 벌을 꺼내러 갔더니 망에 작은 구멍을 뚫어놓고 달아났는지 벌이 눈에 띄지를 않는다. 그 질긴 망을 물어뜯어 구멍을 내느라 밤새 얼마나 고생을 했을지 불쌍하기도 하고, 미물이라고 우습게 볼 수 없는 머리를 가진 것이 미소를 띠게 한다.

주변의 아름다운 자연을 즐기지도 못하고 말벌이 오는 것을 지켜야 되는 지루한 싸움이지만 벌을 보호해야 하니 어쩔 수 없는 일이다. 이런 일이라도 할 일이 있다는 것이 행복일까.

벌이 준 신비한 물질

기온이 영하로 뚝 떨어졌다. 프로폴리스를 뜨는 작업을 하기 위해 신문지를 현관 앞에 넓게 깔아 놓고, 다시 깨끗한 종이로 신문 위를 덮은 뒤 작업할 준비를 한다.

프로폴리스는 벌이 일을 하는 동안은 채취할 수가 없고, 밀랍이 섞여 있어 기온이 영상으로 올라가면 끈적거려서 만지기가 어렵다. 영하로 내려가야만 딱딱하게 굳어져 떼어내기가 좋다. 영하 속에서 하는 일이라 꾀를 부리다가 벼르고 별러서 날을 잡았다. 벌통이 있는 양봉장 옆에서 작업을 하면 힘이 덜 들겠지만, 밖에서 일하다 추우면 바로 집안으로 들어와 훈훈한 난로에 몸을 녹일 수 있어 현관 앞에 자리를 잡았다. 프로폴리스는 어디든지 묻으면 지워지지가 않아서 집 안에서는 작업을 할 수가 없다.

작은 벌통에 수만 마리의 벌이 살고 있으면서 32도에서 35도의 온도와 습도를 유지하고 있어 늘 병의 위협에 노출되어 있다. 벌들은 여러 가지 병에서 종족을 지키기 위해서 프로폴리스를 참나무나 소나무, 옻나무, 버드나무 같은 다양한 나무에서 가져다가 벌통 전체에 발라 놓고, 밖에서 들어오는 병균을 막아 통 안에 있는 벌을 보호한다. 나무가 스스로 몸을 보호하기 위해 만들어 내는 프로폴리스를 벌이 채취해 오는 것이다.

봄이면 벌통 뚜껑 밑쪽에 프로폴리스 채취 전용망을 달아 놓지만, 나무로 된 벌통 벽에도 온통 붙여 놓는다. 벌이 드나드는 입구에도 발라서 균의 침입을 차단한다. 작업을 하려면 망도 떼어서 가져와야 되고, 프로폴리스가 많이 붙어 있는 통에 들어 있는 벌은 월동용 벌통으로 옮긴 뒤 현관 앞으로 옮겨와야 하기 때문에 힘도 든다.

프로폴리스는 수천 년 전부터 내려오는 부작용이 없고, 내성이 생기지 않는 천연 항생제이며 방부제라고 한다. 프로폴리스를 연구하는 전문가들은 이것이 마치 만병통치의 위력을 가진 것처럼 얘기 한다. 우리도 벌을 기르기 시작하고부터 프로폴리스를 채취하여 가족들이 잘 쓰고 있다.

감기가 시작되려고 하거나 목이 아프던지 입이 헐었을 때,

치통이 있을 때 이것을 애용한다. 아무 염증에나 발라도 잘 낫는다. 프로폴리스를 바르면 놀랄 정도로 순식간에 통증이 가라앉고 효과가 있어 신비의 묘약이라고 할 만큼 우리 집의 애용 복용약이다. 약을 싫어하는 아이들도 금방 효과가 나서 그런지 순순히 잘 먹는다.

망에 붙어 있는 프로폴리스는 딱딱하게 굳은 것을 비벼서 털면 되지만, 나무통에 붙어 있는 것은 칼로 긁어 내야한다. 망에 붙이기 위해 밀랍을 많이 섞는 것 같고, 나무에는 잘 붙는 탓인지 밀랍이 별로 섞여 있지 않아 망에 있는 것보다는 순수하다. 이렇게 채취한 것은 아주 소량이어서 더 귀하게 여기게 된다.

프로폴리스는 알콜에 녹여서 그 성분을 추출해야만 사용할 수 있다. 고체로 된 것을 알콜 90프로인 식용 주정 1리터에 담는다. 이렇게 해서 3년 정도 보관해 두면, 봉독을 비롯한 여러 독성이 알콜의 휘발성과 함께 날아가 섭취할 수 있는 프로폴리스가 된다.

우리 아이들은 역겨운 맛 때문에 알콜에 녹인 프로폴리스는 먹으려 하지 않는다. 그래서 고체상태 그대로인 프로폴리스가 딱딱하게 굳어 있을 때 믹서에 곱게 갈아서 병에 넣어 냉장고에 두고 필요할 때 한 티스푼씩 먹인다.

프로폴리스는 자연에서 가져오는 것이므로 그 속에 마른 풀

잎이나 나무껍질, 벌 날개와 다리 등 여러 가지 이물질이 들어 있다. 정제되지 않은 프로폴리스에 들어있는 이런 잡물질도 자연에서 온 것이라 감수하면서 먹는다.

벌의 산물로는 꿀이 으뜸이다. 꿀 외에도 로열젤리와 프로폴리스, 화분, 밀랍 등 여러 가지가 있지만 우리 집에서는 소규모의 양봉이라 꿀과 플로폴리스 외에는 거두어들이지 않는다.

벌로 인해 이런 좋은 것들을 얻을 수 있어 삶의 질이 조금은 나아진다는 생각에 사철 벌키우기에 정성을 다하고 있다. 이 작은 미물도 이렇게 좋은 선물을 주는데 나는 지금까지 어떻게 살아왔는지, 앞으로 어떻게 살아야 잘 사는 것인지 잠깐 생각에 잠기게 한다.

아무리 날이 추워도 벌이 주는 귀한 물질이기에 조금이라도 흩어지지 않게 정성을 다하여 프로폴리스를 뜯어내는 작업을 한다.